Ngounou Tchuente Clotilde

Sept Étapes Pour Conserver Le Terrain Gagne

Ngounou Tchuente Clotilde

Sept Étapes Pour Conserver Le Terrain Gagne

Conduite à Tenir Pour Une Vie de Victoire et de Triomphe en Christ

Éditions Croix du Salut

Cover image: www.ingimage.com

Publisher:
Éditions Croix du Salut
is a trademark of
International Book Market Service Ltd., member of OmniScriptum Publishing Group
17 Meldrum Street, Beau Bassin 71504, Mauritius

Printed at: see last page
ISBN: 978-613-7-36673-8

Sept Etapes pour Conserver le Terrain GAGNÉ

CLOTILDE NGOUNOU TCHUENTE

PRÉFACE

La Problématique de l'après délivrance est le centre d'intérêt de ce livre écrit, par la, missionnaire Clotilde Ngounou Tchuenté. Après avoir été libéré de l'emprise des démons, commence alors un véritable travail spirituel, psychologique et physique; qui amène le délivré à vivre pleinement sa nouvelle vie de victoire en Christ.

Au risque donc de retourner dans les travers «*du retour de l'esprit impur*», l'auteur nous indique de façon succincte la conduite à tenir pour Conserver le terrain gagné.

Je vous conseille vivement la lecture de ce manuel qui pour des multitudes est une source de bénédiction à travers le monde.

Révérend Prophète Oswald Nyala

DÉDICACE

Je dédie ce précieux ouvrage à L'Eternel des armées le Dieu d'Israël qui m'a aimé, m'a choisie, et a fait de moi sa servante. Ce Dieu qui ne fait acception de personne. Ce Dieu qui m'a ramassé de la poussière et me fait asseoir aujourd'hui sur la table avec les grands.

Lui qui utilise les choses faibles du monde pour confondre les fortes, Lui qui utilise les choses folles du monde pour confondre les sages. Je lui dis merci pour Son amour ineffable, pour Sa fidélité, pour toutes les révélations contenues dans ce manuel et pour Son soutien et Sa grâce surabondante dans ma vie. Merci Seigneur d'avoir rendu possible cet ouvrage au nom de Jésus-Christ mon Seigneur.

Amen!

REMERCIEMENT

J'adresse toute ma reconnaissance au Prophète Oswald Nyala pour sa grande disponibilité, ses conseils et pour le temps consacré en vue de la relecture et de la préface de ce livre.

Je suis également reconnaissante au Seigneur pour le Pasteur Adiobo Raphaël qui s'est disposé une fois de plus pour la relecture et la correction de ce manuel.

Je tiens également à dire merci à la servante du Seigneur Ancienne Florence Essomba Biloa pour la relecture et la correction de ce livre.

Ma gratitude est également adressée à l'endroit de la servante du Seigneur Dr. Foki Hortense Célestine pour son apport et ses conseils dans la relecture et la correction.

A tous ceux qui m'ont soutenu de près ou de loin par leurs prières, à tous ceux qui ont contribué financièrement pour la réalisation de cet ouvrage, à tous ceux qui m'aiment et qui croient en moi, je dis merci.

Que l'Eternel mon Dieu, se souvienne à jamais de vous. Qu'Il étende vos limites à tous égards et vous bénisse au-delà de toute mesure au nom de Jésus-Christ.

Amen!

INTRODUCTION

Conserver le terrain gagné, est un domaine que plusieurs ignorent ou ne prennent pas au sérieux dans nos églises. Voilà pourquoi après avoir été délivré de certains démons, la plupart de personnes se retrouvent à nouveau influencées par les mêmes esprits méchants et parfois les situations s'empirent.

Les saintes écritures déclarent :

« Lorsque l'esprit impur est sorti d'un homme, il va par des lieux arides, cherchant du repos, et il n'en trouve point. Alors il dit: Je retournerai dans ma maison d'où je suis sorti; et, quand il arrive, il la trouve vide, balayée et ornée .Il s'en va, et il prend avec lui sept autres esprits plus méchants que lui; ils entrent dans la maison, s'y établissent, et la dernière condition de cet homme est pire que la première. Il en sera de même pour cette génération méchante ». Matthieu 12 : 43- 45.

Il est question ici, de l'état d'une personne qui a bien reçu sa délivrance. Mais parce qu'elle n'a pas pu conserver le terrain gagné, cet esprit ne pouvant trouver du repos dans les lieux arides, est revenu en emmenant avec lui plusieurs autres démons. L'Eglise est confrontée aujourd'hui à un phénomène de délivrance concernant les mêmes personnes et les mêmes cas qui n'en finissent jamais. Vous verrez des gens rendre témoignage de leur délivrance et le mois suivant, vous les verrez à nouveau tomber sous la manifestation du même démon. Tout simplement parce qu'après la délivrance, ils ne veillent pas, ne changent pas de conduite, et se plongent à nouveau dans le même péché qui avait invité cet esprit dans leur vie.

Sept étapes pour conserver le terrain gagné, met à la disposition du peuple de Dieu les Enseignements éfficaces pour leur permettre de maintenir leur délivrance. Ce manuel permet également à ses lecteurs d'être délivrés de l'ignorance selon qu'il est écrit :

« Mon peuple est détruit, parce qu'il lui manque la connaissance». Osée 4 : 6.

Pour avoir été autrefois le temple des démons, le secret pour maintenir ces esprits hors du corps après la délivrance, est de se conformer à la parole de Dieu.

«Heureux l'homme qui ne marche pas selon le conseil des méchants, Qui ne s'arrête pas sur la voie des pécheurs, Et qui ne s'assied pas en compagnie des moqueurs, Mais qui trouve son plaisir dans la loi de l'Éternel, Et qui la médite jour et nuit! Il est comme un arbre planté près d'un courant d'eau, Qui donne son fruit en sa saison, Et dont le feuillage ne se flétrit point: Tout ce qu'il fait lui réussit». Psaumes1:1-3.

CHAPITRE UN

RECHERCHEZ LA PRESENCE DU SAINT-ESPRIT

1- Qui est le Saint-Esprit ?

Le Saint-Esprit est Dieu. Il est la troisième personne de la trinité. Il est également une puissance. Il est indispensable dans la vie chrétienne. Il fait partie des méthodes pour conserver le terrain gagné. Le Saint-Esprit est vital dans la vie chrétienne. Il est le don de Dieu promit par Jésus-Christ à tous ceux qui croient en Lui.

« Quand le consolateur sera venu, l'Esprit de vérité, il vous conduira dans toute la vérité; car il ne parlera pas de lui-même, mais il dira tout ce qu'il aura entendu, et il vous annoncera les choses à venir». Jean 16 : 13.

Il est encore écrit **:**

«Après cela, je répandrai mon esprit sur toute chair; Vos fils et vos filles prophétiseront, Vos vieillards auront des songes, Et vos jeunes gens des visions. Même sur les serviteurs et sur les servantes, Dans ces jours-là, je répandrai mon esprit ». Joël2:28-29.

Dieu dit aussi **:** ***«…Je répandrai mon esprit sur ta race, Et ma bénédiction sur tes rejetons».*** **Esaïe 44:3**.

Il est également écrit :

« Mais vous recevrez une puissance, le Saint-Esprit survenant sur vous, et vous serez mes témoins à Jérusalem, dans toute la Judée, dans la Samarie, et jusqu'aux extrémités de la terre». Actes 1 : 8.

«Mais le consolateur, l'Esprit Saint, que le Père enverra en mon nom, vous enseignera toutes choses, et vous rappellera tout ce que je vous ai dit ». Jean 14:26.

Le Saint-Esprit est comme le moteur dans un véhicule. De même qu'aucun véhicule ne peut se déplacer sans son moteur, de même le chrétien ne peut suivre Dieu sans le Saint-Esprit.

2- Le Saint-Esprit a œuvré depuis le commencement de la création.

Le Saint-Esprit a été au Commencement de la création.

«Puis Dieu dit: Faisons l'homme à notre image, selon notre ressemblance…». Genèse 1:26.

Le fait que Dieu parle dans ce texte à la première personne du pluriel, prouve qu'Il n'était pas seul. Pour cette œuvre de la création Dieu était accompagné du Saint-Esprit. Dieu ordonnait et le Saint-Esprit amenait Sa parole à l'existence physique. Tous les prophètes, les Juges et les Rois qui se sont confiés en Lui, ont fait beaucoup d'exploits dans leurs ministères. Jésus a été conçu parle Saint-Esprit.

«Marie dit à l'ange: Comment cela se fera-t-il, puisque je ne connais point d'homme? L'ange lui répondit: Le Saint-Esprit viendra sur toi, et la puissance du Très Haut te couvrira de son ombre. C'est pourquoi le saint enfant qui naîtra de toi sera appelé Fils de Dieu ». Luc 1:34-35.

Au commencement du ministère de Jésus, Le Saint-Esprit est descendu sur Lui sous la forme d'une colombe.

« Dès que Jésus eut été baptisé, il sortit de l'eau. Et voici, les cieux s'ouvrirent, et il vit l'Esprit de Dieu descendre comme une colombe et venir sur lui ». Matthieu 3 : 16

C'est le Saint-Esprit qui faisait la force du ministère de Jésus durant Son pèlerinage terrestre en guérissant les malades, en purifiant les lépreux, en ressuscitant les morts, en multipliant le pain, en transformant l'eau en vain, en proclamant la bonne nouvelle de l'évangile, en opérant des miracles, et pour tout couronner, Il l'a ressuscité d'entre les morts. Il jouait le même rôle qu'Il a joué avec Dieu à la création. Voilà pourquoi Jésus pouvait dire à Ses disciples :

« Il vous est avantageux que je m'en aille, car si je ne m'en vais pas, le consolateur ne viendra pas vers vous; mais, si je m'en vais, je vous l'enverrai» Jean 16 :7

.Sur terre, Jésus-Christ avait le Saint-Esprit dans toute Sa plénitude. Il était conscient que Sa force et Sa puissance venaient de Lui. Il savait également qu'aussi longtemps qu'Il était sur terre, aucune autre personne ne pouvait avoir le Saint-Esprit. Par conséquent, la mission de Ses disciples sur terre était vouée à l'échec. C'est encore le Saint-Esprit qui a inauguré l'Eglise le jour de la pentecôte par Sa descente sur les disciples.

«Le jour de la Pentecôte, ils étaient tous ensemble dans le même lieu. Tout à coup il vint du ciel un bruit comme celui d'un vent impétueux, et il remplit toute la maison où ils étaient assis. Des langues, semblables à des langues de feu, leur apparurent, séparées les unes des autres, et se posèrent sur chacun d'eux. Et ils furent Tous remplis du Saint Esprit, et se mirent à parler en d'autres langues, selon que l'Esprit leur donnait de s'exprimer». Actes 2:1-4.

C'est le Saint-Esprit qui fait la force de l'Eglise. C'est encore le Saint-Esprit qui va enlever l'épouse de Christ selon qu'il est écrit :

«Car le Seigneur lui-même, à un signal donné, à la voix d'un archange, et au son de la trompette de Dieu, descendra du ciel, et les morts en Christ ressusciteront premièrement. Ensuite, nous les vivants, qui seront restés, nous serons tous ensemble enlevés avec eux sur des nuées, à la rencontre du Seigneur dans les airs, et ainsi nous serons toujours avec le Seigneur ». 1Thessaloniciens 4:16-17

Le Saint-Esprit est incontournable dans la marche chrétienne tout comme dans le service chrétien. Quiconque veut marcher avec Dieu, doit avoir le Saint-Esprit et demeurer dans Sa présence.

3- Le rôle du Saint-Esprit dans la vie du chrétien

Le rôle du Saint-Esprit dans la vie du chrétien est de l'introduire dans le surnaturel de Dieu et de lui révéler les choses cachées. Le Saint-Esprit a aussi pour rôle de nous rendre efficaces dans le domaine auquel Dieu nous a appelés selon qu'il est écrit :

«Sache que j'ai choisi Betsaleel, fils d'Uri, fils de Hur, de la tribu de Juda. Je l'ai rempli de l'Esprit de Dieu, de sagesse, d'intelligence, et de savoir pour toutes sortes d'ouvrages, je l'ai rendu capable de faire des inventions, de travailler l'or, l'argent et l'airain, de graver les pierres à enchâsser, de travailler le bois, et d'exécuter toutes sortes d'ouvrages ». Exode 31:2-5.

Le rôle du Saint-Esprit est également de nous remplir de sagesse et d'intelligence.

«Dieu donna à Salomon de la sagesse, une très grande intelligence, et des connaissances multipliées comme le sable qui est au bord de la mer ». 1Rois 4:29.

Salomon était un homme ordinaire comme la plupart de personnes. C'est après que Dieu se soit révélé à lui dans un songe, qu'il est devenu l'homme le plus sage que le monde n'ait jamais connu. Le Saint-Esprit

Seul est capable de transformer notre caractère afin de nous donner de manifester le fruit de l'esprit selon qu'il est écrit :

«Mais le fruit de l'Esprit, c'est l'amour, la joie, la paix la patience, la bonté, la bénignité, la fidélité, la douceur, la tempérance ». Galates 5:22.

Son rôle est également de manifester en nous les dons spirituels selon qu'il est écrit :

« Il y a diversité de dons, mais le même Esprit; diversité de ministères, mais le même Seigneur; diversité d'opérations, mais le même Dieu qui opère tout en tous. Or, à chacun la manifestation de l'Esprit est donnée pour l'utilité commune. En effet, à l'un est donnée par l'Esprit une parole de sagesse; à un autre, une parole de connaissance, selon le même Esprit ; à

un autre, la foi, Par le même Esprit; à un autre, le don des guérisons, par le même Esprit; à un autre, le don d'opérer des miracles; à un autre, la prophétie; à un autre, le discernement des esprits; à un autre, la diversité des langues; à un autre, l'interprétation des langues. Un seul et même Esprit opère toutes ces choses, les distribuant à chacun en particulier comme il veut». 1Corinthiens 12: 4-11.

Le Saint-Esprit permet au chrétien de faire des exploits et de marquer sa génération. Le rôle du Saint-Esprit est encore de nous convaincre du péché selon qu'il est écrit :

« Et quand il sera venu, il convaincra le monde en ce qui concerne le péché, la justice, et le jugement: en ce qui concerne le péché, parce qu'ils ne croient pas en moi; la justice, parce que je vais au Père, et que vous ne me verrez plus; le jugement, parce que le prince de ce monde est jugé». Jean 16 : 8-10

La présence du Saint-Esprit dans la vie du chrétien attire les faveurs et la gloire de Dieu. La présence du Saint-Esprit impose silence à l'ennemi et aux vindicatifs. Elle déjoue les projets des sorciers contre notre vie. Elle fait concourir toutes actions de l'ennemi en notre faveur.

«Nous savons, du reste, que toutes choses concourent au bien de ceux qui aiment Dieu, de ceux qui sont appelés selon son dessein ». Romains 8:28.

Il nous donne également la victoire dans nos combats. Le Saint-Esprit nous donne la capacité de lire, de comprendre et de mettre en pratique la parole de Dieu dans notre vie. Il nous console, nous soutient,

Nous relève de nos chûtes et nous révèle les profondeurs de Dieu. Le Saint-Esprit nous comprend quand bien même nous sommes incompris de tous. Il met dans nos cœurs la crainte de Dieu et exerce nos mains à la bataille. Le Saint-Esprit nous restaure dans les voies de Dieu, Il nous ressuscite, nous remplit de connaissance, de puissance et dc l'autorité. Il crée en nous le vouloir et le faire et nous donne le don de la vraie repentance. Le Saint-Esprit nous rend capable de chercher la face du Seigneur dans la prière et dans la méditation de la parole de Dieu. Il est incontournable dans la vie chrétienne. Sans Lui, la vie chrétienne n'a aucune saveur. Sans Lui, aucun exploit n'est possible. D'ailleurs, les saintes écritures le confirment :

« Je suis le cep, vous êtes les sarments. Celui qui demeure en moi et en qui je demeure porte beaucoup de fruit, car sans moi vous ne pouvez rien faire ». Jean 15 :5.

Nous devons rechercher et entretenir l'intimité avec le Saint-Esprit car, il est celui qui nous révèle Jésus-Christ selon qu'il est écrit :

« Or, la vie éternelle, c'est qu'ils te connaissent, toi, le seul vrai Dieu, et celui que tu as envoyé, Jésus-Christ ». Jean 17 : 3.

Il nous révèle Sa parole et c'est par l'Esprit de Dieu qu'on sert Dieu selon qu'il est écrit :

«Dieu est Esprit, et il faut que ceux qui l'adorent, l'adorent en esprit et en vérité »Jean4:24.

C'est la personne du Saint-Esprit qui fait la différence dans la vie chrétienne. C'est la présence du Saint-Esprit en nous qui prouve que nous sommes enfants de Dieu.

« Pour vous, vous ne vivez pas selon la chair, mais selon l'esprit, si du moins l'Esprit de Dieu habite en

vous. Si quelqu'un n'a pas l'Esprit de Christ, il ne lui appartient pas ». Romains 8 : 9.

Le Saint-Esprit nous donne l'assurance du salut. Celui qui veut mener une vie chrétienne victorieuse doit non seulement rechercher Sa présence, mais demeurer en Lui.

4- Comment être baptisé du Saint-Esprit ?

a) La personne qui veut recevoir le Saint-Esprit, doit au préalable accepter Jésus-Christ dans son cœur comme son sauveur et son maître. Elle doit naître de nouveau selon qu'il est écrit :

« Jésus lui répondit: En vérité, en vérité, je te le dis, si un homme ne naît de nouveau, il ne peut voir le royaume de Dieu. Jean 3 : 3 ».

b) Ensuite, se purifier devant Dieu. Elle doit confesser et abandonner tout péché connu et se repentir de manière radicale. Nous devons comprendre que le péché est la seule chose qui nous éloigne de Dieu. Les saintes écritures le confirment :

« Non, la main de l'Éternel n'est pas trop courte pour sauver, Ni son oreille trop dure pour entendre. Mais ce

sont vos crimes qui mettent une séparation entre vous et votre Dieu; Ce sont vos péchés qui vous cachent sa face Et l'empêchent de vous écouter». Esaïe 59:1-2.

Il est encore écrit :

« Et personne ne met du vin nouveau dans de vieilles outres; autrement, le vin fait rompre les outres, et le vin et les outres sont perdus; mais il faut mettre le vin nouveau dans des outres neuve ». Marc 2 : 22.

Le vin ici est une figure du Saint-Esprit, et l'outre représente celui qui le reçoit. Raison pour laquelle il faut devenir une nouvelle créature afin d'aspirer à être baptisé de Sa présence. N'oubliez pas que nous sommes un vase entre les mains du Seigneur. Puisque Paul dit :

«Le Dieu qui a fait le monde et tout ce qui s'y trouve, étant le Seigneur du ciel et de la terre, n'habite point dans des temples faits de main d'homme». Actes 17:24.

Chers amis, c'est nous les humains qui sommes le temple du Saint-Esprit. Nous devons donc veiller à ce que le temple que nous sommes soit propre, si nous voulons qu'il nous remplisse de Sa présence.

c) La troisième condition pour être baptisé du Saint-Esprit, c'est la faim et la soif que l'on doit éprouver à son égard. C'est pourquoi il faut rechercher cette présence de tout son cœur car, il est écrit :

« Vous me chercherez, et vous me trouverez, si vous me cherchez de tout votre cœur». Jérémie 29 : 13.

Si vous vous approchez de Lui de tout votre cœur selon Sa parole, assurément, Dieu vous baptisera de Son Esprit.

«Si donc, méchants comme vous l'êtes, vous savez donner de bonnes choses à vos enfants, à combien plus forte raison le Père céleste donnera-t-il le Saint- Esprit à ceux qui le lui demandent»Luc11:13.

Le nouveau converti doit insister dans la prière de foi devant Dieu, jusqu'à ce que Sa promesse soit accomplie. Nous lisons:

« Moi, je vous baptise d'eau, pour vous amener à la repentance; mais celui qui vient après moi est plus puissant que moi, et je ne suis pas digne de porter ses souliers. Lui, il vous baptisera du Saint-Esprit et de feu». Matthieu3:11.

Avoir une bonne disposition de cœur est l'un des secrets pour recevoir le Saint-Esprit. Le jeune converti doit soupirer, désirer ardemment cette présence selon qu'il est écrit :

«Comme une biche soupire après des courants d'eau, Ainsi mon âme soupire après toi, ô Dieu! Mon âme a soif de Dieu, du Dieu vivant: Quand irai-je et paraîtrai-je devant la face de Dieu»? Psaume 42:2-3.

Plus loin encore nous lisons :

«O Dieu! Tu es mon Dieu, je te cherche; Mon âme a soif de toi, mon corps soupire après toi, Dans une terre aride, desséchée, sans eau »? Psaume 63:2.

Oui chers amis, c'est dans cet état d'esprit qu'il faut rechercher Sa présence et la désirer vraiment.

d) Vous devez aussi rechercher Sa présence dans un esprit de consécration et de prière à l'exemple des disciples du Seigneur Jésus dans la chambre haute.

« Le jour de la Pentecôte, ils étaient tous ensemble dans le même lieu. Tout à coup il vint du ciel un bruit comme celui d'un vent impétueux, et il remplit toute la maison où ils étaient assis. Des langues, semblables à

des langues de feu, leur apparurent, séparées les unes des autres, et se posèrent sur chacun d'eux. Et ils furent tous remplis du Saint-Esprit, et se mirent à parler en d'autres langues, selon que l'Esprit leur donnait de s'exprimer ». Actes 2 : 1-4.

5- La manifestation du Saint-Esprit dans la vie du chrétien.

Vous devez comprendre que le secret de la réussite dans la vie et le ministère chrétien, réside dans la présence du Saint-Esprit. Nous remarquons plusieurs manifestations du Saint-Esprit dans la vie de Jésus durant son pèlerinage terrestre. Mais ici, nous allons voir les différentes manifestations du Saint-Esprit dans la vie des disciples du Christ. C'est après l'effusion du Saint-Esprit que les disciples ont commencé à parler en d'autres langues. Les Saintes écritures le confirment :

«Au bruit qui eut lieu, la multitude accourut, et elle fut confondue parce que chacun les entendait parler dans sa propre langue. Ils étaient tous dans l'étonnement et la surprise, et ils se disaient les uns aux autres: Voici, ces gens qui parlent ne sont-ils pas tous Galiléens? Et comment les entendons-nous dans notre propre langue à chacun, dans notre langue maternelle». Actes 2 : 6-8.

C’est lorsqu’ils ont été remplis du Saint-Esprit et ont commencé à prêcher l’évangile qu’en un seul jour, Pierre pouvait emmener environ trois mille âmes au Seigneur selon qu’il est écrit :

«Pierre leur dit: Repentez-vous, et que chacun de vous soit baptisé au nom de Jésus-Christ, pour le pardon de Vos péchés ; et vous recevrez le don du Saint-Esprit. Car la promesse est pour vous, pour vos enfants, et pour tous ceux qui sont au loin, en aussi grand nombre que le Seigneur notre Dieu les appellera. Et, par plusieurs autres paroles, il les conjurait et les exhortait, disant: Sauvez-vous de cette génération perverse. Ceux qui acceptèrent sa parole furent baptisés; et, en ce là, le nombre des disciples s'augmenta d'environ trois mille âmes». Actes 2 :38-41.

Bien-aimés, ce genre de miracle, le Saint-Esprit seul peut l’accomplir à travers un Homme. Remarquons également la manifestation du Saint-Esprit au travers de Pierre devant le temple.

« Il y avait un homme boiteux de naissance, qu'on portait et qu'on plaçait tous les jours à la porte du temple appelée la Belle, pour qu'il demandât l'aumône à ceux qui entraient dans le temple. Cet

homme, voyant Pierre et Jean qui allaient y entrer, leur demanda l'aumône. Pierre, de même que Jean, fixa les yeux sur lui, et dit: Regarde- nous. Et il les regardait attentivement, s'attendant à recevoir d'eux quelque chose. Alors Pierre lui dit: Je n'ai ni argent, ni or; mais ce que j'ai, je té le donne: au nom de Jésus-Christ de Nazareth, lève-toi et marche. Et le prenant par la main droite, il le fit lever. Au même instant, ses pieds et ses chevilles devinrent fermes ». Actes 3 :2-7.

Notons d'avantage la manifestation du Saint- Esprit dans la vie de l'apôtre Paul.

« Or, un jeune homme nommé Eutychus, qui était assis sur la fenêtre, s'endormit profondément pendant le long discours de Paul; entraîné par le sommeil, il tomba du troisième étage en bas, et il fut relevé mort. Mais Paul, étant descendu, se pencha sur lui et le prit dans ses bras, en disant: Ne vous troublez pas, car son âme est en lui». Actes 20:9-10

Nous voyons d'avantage les manifestations du Saint-Esprit dans la vie de Paul.

«A Lystre, se tenait assis un homme impotent des pieds, boiteux de naissance, et qui n'avait jamais

marché. Il écoutait parler Paul. Et Paul, fixant les regards sur lui et voyant qu'il avait la foi pour être guéri, dit d'une voix forte: Lève-toi droit sur tes pieds. Et il se leva d'un bond et marcha ». Actes 14:8-10

Nous réalisons aussi la manifestation du Saint-Esprit dans la vie de Paul et de Silas.

« Le geôlier, ayant reçu cet ordre, les jeta dans la prison intérieure, et leur mit les ceps aux pieds. Vers le milieu de la nuit, Paul et Silas priaient et chantaient les louanges de Dieu, et les prisonniers les entendaient. Tout à coup il se fit un grand tremblement de terre, en sorte que les fondements de la prison furent ébranlés; au même instant, toutes les portes s'ouvrirent, et les liens de tous les prisonniers furent rompus. Le geôlier se réveilla, et, lorsqu'il vit les portes de la prison ouvertes, il tira son épée et allait se tuer, pensant que les prisonniers s'étaient enfuis. Mais Paul cria d'une voix forte: Ne te fais point de mal, nous sommes tous ici ». Actes 16 :24-28

Observons la même la manifestation du Saint- Esprit dans la vie de Philipe l'évangéliste.

«Quand ils furent sortis de l'eau, l'Esprit du Seigneur enleva Philippe, et l'eunuque ne le vit plus. Tandis que, joyeux, il poursuivait sa route ». Actes8:39.

C'est là autant de merveilles que le Saint-Esprit peut accomplir au travers d'une personne qui est rempli de Sa présence. Nous avons tous besoin de la présence du Saint- Esprit pour nous accompagner tant dans notre marche chrétienne, que dans le service chrétien. Si vous voulez voir la manifestation du Saint-Esprit dans votre ministère où dans votre marche chrétienne, vous avez intérêt à prendre une retraire pour rechercher Sa présence. C'est le Saint-Esprit qui rend la victoire, la réussite, le succès, la promotion, la délivrance, la providence, la guérison, la transformation, la paix, la joie, la vie en abondance, la communion avec Dieu, l'élévation, le salut, le miracle possible dans une vie.

La vie chrétienne est faite de haut et de bas, et nous avons besoin de la consolation et du soutien du Saint- Esprit pour nous redonner les forces de persévérer et de demeurer dans Ses voies.

«Et moi, je prierai le Père, et il vous donnera un autre consolateur, afin qu'il demeure éternellement avec vous». Jean 14:16.

Le Saint- Esprit est incontournable dans la vie chrétienne.

«L'esprit du Seigneur, l'Éternel, est sur moi, Car l'Éternel m'a oint pour porter de bonnes nouvelles aux malheureux; Il m'a envoyé pour guérir ceux qui ont le cœur brisé, Pour proclamer aux captifs la liberté, Et aux prisonniers la délivrance. Pour publier une année de grâce de l'Éternel, Et un jour de vengeance de notre Dieu; Pour consoler tous les affligés; Pour accorder aux affligés de Sion, Pour leur donner un diadème au lieu de la cendre, Une huile de joie au lieu du deuil, Un vêtement de louange au lieu d'un esprit abattu, Afin qu'on les appelle des térébinthes de la justice, Une plantation de l'Éternel, pour servir à sa gloire». Esaïe 61:1-3.

Il est encore écrit :

«Demeurez en moi, et je demeurerai en vous. Comme le sarment ne peut de lui-même porter du fruit, s'il ne demeure attaché au cep, ainsi vous ne le pouvez non plus, si vous ne demeurez en moi ». Jean 15 : 4

L'Esprit de Dieu nous donne la grâce de dépasser nos incapacités, c'est Lui qui produit la force et le courage de rendre le témoignage chrétien, des merveilles de Dieu dans notre vie, et d'annoncer la bonne nouvelle aux égarés et aux ignorants.

Je crois par la grâce de Dieu que la connaissance de ces vérités vous amènera à marquer une pause, pour rechercher Sa présence.

CHAPITRE DEUX

LA LECTURE ET LA MISE EN PRATIQUE DE LA PAROLE DE DIEU

La lecture et la mise en pratique de la parole de Dieu est fondamentale dans la vie chrétienne. Elle fait partie des méthodes pour conserver le terrain gagné. Le roi David l'avait très bien compris. Voilà pourquoi il Déclare :

«Je serre ta parole dans mon cœur, Afin de ne pas pécher contre toi .Béni sois-tu, ô Éternel! Enseigne-moi tes statuts! De mes lèvres j'énumère Toutes les sentences de ta bouche .Je me réjouis en suivant tes préceptes, Comme si je possédais tous les trésors. Je médite tes ordonnances, J'ai tes sentiers sous les yeux. Je fais mes délices de tes statuts, Je n'oublie point ta parole. Fais du bien à ton serviteur, pour que je vive Et que j'observe ta parole! Ouvre mes yeux, pour

Que je contemple Les merveilles de ta loi » ! Psaume 119 : 11-18

Il dit encore :

«Ta parole est une lampe à mes pieds, Et une lumière sur mon sentier. Je jure, et je le tiendrai, D'observer les lois de ta justice». Psaume 119 : 105 - 106

Plus loin, il dit : ***«La révélation de tes paroles éclaire, Elle donne de l'intelligence aux simples ». Psaume 119:130.***

Chers amis, nous devons savoir qu'un peuple qui n'a pas de connaissance, est un peuple appelé à disparaître un jour selon qu'il est écrit :

« Mon peuple est détruit, parce qu'il lui manque la connaissance ». Osée 4:6

Dieu dit à Josué à l'entrée de la terre promise:

«Que ce livre de la loi ne s'éloigne point de ta bouche; médite-le jour et nuit, pour agir fidèlement selon tout

ce qui y est écrit; car c'est alors que tu auras du succès Dans tes entreprises, c'est alors que tu réussiras » Josué 1:8.

En d'autres termes, Dieu voulait faire comprendre à Josué que le succès et la réussite de sa mission étaient conditionnés par la connaissance et la mise en pratique de la parole de Dieu. Josué avait intérêt à lire, à méditer et à mettre en pratique fidèlement les lois de Dieu s'il voulait être béni. Il en est de même avec tous ceux qui croient en Jésus-Christ aujourd'hui car, Dieu est le même hier aujourd'hui et éternellement.

C'est la connaissance de la parole de Dieu qui maintient en nous la flamme. C'est la lecture de la parole de Dieu qui nous donne de comprendre les promesses de Dieu à notre égard. La connaissance de la parole de Dieu nous met en garde contre les ruses du diable. Le problème avec cette génération, c'est qu'elle ne cherche pas à connaître la parole de Dieu. La plupart de chrétiens se contentent de ce qu'on leur enseigne dans les églises. Voilà pourquoi nos églises aujourd'hui sont remplies de chrétiens ni froids ni chauds selon qu'il est écrit :

«Je connais tes œuvres. Je sais que tu n'es ni froid ni bouillant. Puisses-tu être froid ou bouillant! Ainsi, parce que tu es tiède, et que tu n'es ni froid ni bouillant, je te vomirai de ma bouche ». Apocalypse 3:15-16.

Oui bien-aimés, il y a des chrétiens qui ne savent pas ce que Dieu attend d'eux et ignorent ce que Dieu veut faire au travers d'eux. Et ceci est la conséquence de l'ignorance des saintes écritures et de l'intimité avec Dieu.

Les saintes écritures nous montrent le bel exemple des chrétiens de Bérée. Ils se rassuraient chaque jour que ce qu'on leur disait étaient vraiment écrit.

« Ces Juifs avaient des sentiments plus nobles que ceux de Thessalonique; ils reçurent la parole avec beaucoup d'empressement, et ils examinaient chaque jour les Écritures, pour voir si ce qu'on leur disait était exact ». Actes 17 : 11 .

Ils ne se contentaient pas seulement d'écouter, mais la Bible dit qu'ils examinaient chaque jour les écritures pour se rassurer que ce qu'on leur disait était exacte. La Bible précise qu'ils le faisaient chaque jour !

En d'autres termes, ils ne laissaient rien de ce qu'on leur enseignait passer sans l'avoir examiné. Ceci devrait être l'attitude de chaque enfant de Dieu. Surtout en cette période de crises spirituelles où les révélations arrivent de part et d'autre. Dieu nous exhorte également dans les Saintes écritures :

« Ne méprisez pas les prophéties. Mais examinez toutes choses; retenez ce qui est bon ». 1Théssaloniciens 5 : 20-21.

De nos jours, les enfants de Dieu sont manipulés, dépouillés, trompés dans certaines églises par les faux serviteurs. Ils ne savent pas comment marcher avec Dieu, tout simplement parce qu'ils n'ont pas la connaissance de la parole de Dieu. L'un des secrets de la réussite dans la vie chrétienne, c'est la connaissance et la mise en pratique de la parole de Dieu. Voilà pourquoi Dieu a donné ses instructions à son serviteur Josué de méditer et de mettre fidèlement en pratique Sa parole car, sa réussite et son succès en dépendaient.

La lecture constante et permanente de la parole de Dieu, permet au chrétien de connaître la volonté de Dieu, elle permet à l'intelligence d'être régénérée, elle permet aussi de disposer des armes spirituelles pour résister à l'ennemi devant la tentation. La connaissance de la parole permet également au chrétien de maintenir les esprits méchants loin de lui. La connaissance de la parole de Dieu, nous équipe et fait de nous de grands

Guerriers dans la prière. Souvenez-vous que c'est par le « ***il est écrit*** », que Jésus a vaincu le diable lors de la tentation dans le désert. Le diable connaît bien la parole

Même s'il a choisi d'être rebelle à Dieu. C'est toujours au travers de la parole de Dieu qu'il nous tente. Et lorsque nous échouons, il trouve une faille, afin de nous accuser devant Dieu et de nous posséder à nouveau. C'est pour cette raison que nous devons la connaître, non seulement pour ne pas tomber dans les pièges du diable, mais aussi pour bien marcher à la suite de notre Dieu.

Il est important de connaître la parole de Dieu si nous voulons lui plaire et faire Sa volonté. Quiconque veut avoir la victoire sur les forces du mal, doit saturer son esprit jour après jour de la parole de Dieu. La connaissance de la parole nous délivre et nous libère de la servitude de l'ennemi, de la maladie, de l'ignorance, de l'envoûtement, des blocages, de la pauvreté, de la malédiction et bien d'autres situations adverses selon qu'il est écrit :

«Vous connaîtrez la vérité, et la vérité vous affranchira ». Jean 8:32

Soyez fermes, et soyez forts !

La connaissance de la parole de Dieu nous permet également de résister devant la tentation :

«Le tentateur, s'étant approché, lui dit: Si tu es Fils de Dieu, ordonne que ces pierres deviennent des pains. Jésus répondit: Il est écrit: L'homme ne vivra pas de pain seulement, mais de toute parole qui sort de la bouche de Dieu. Le diable le transporta dans la ville sainte, le plaça su le haut du temple, et lui dit: Si tu es Fils de Dieu, jette-toi en bas; car il est écrit: Il donnera des ordres à ses anges à ton sujet; Et ils te porteront sur les mains, De peur que ton pied ne heurte contre une pierre. Jésus lui dit: Il est aussi écrit: Tu ne tenteras point le Seigneur, ton Dieu. Le diable le transporta encore sur une montagne très élevée, lui montra tous les royaumes du monde et leur gloire, et lui dit: Je te donnerai toutes ces choses, si tu te prosternes et m'adores. Jésus lui dit: Retire-toi, Satan! Car il est écrit: Tu adoreras le Seigneur, ton Dieu, et tu le serviras lui seul. Alors le diable le laissa. Et voici, des anges vinrent auprès de Jésus, et le servaient ».Matthieu 4:3-11.

A la découverte de ces versets, nous voyons combien le niveau de la tentation était élevé. Le diable était décidé de faire échouer la mission du Christ. Raison pour laquelle il a multiplié ses pièges de plusieurs manières. Si Jésus n'avait pas la maitrise de la parole, il serait tombé vu la force de la tentation. Retenez que si le diable n'a pas craint de tenter Jésus-Christ qui était, et qui est Dieu, ce n'est pas nous qu'il va craindre. Il viendra de plusieurs manières pour nous ramener dans la souillure du péché. Il fera tout pour

Nous amener à retourner à nos vomissures. Il viendra de la manière la plus subtile pour semer le doute dans notre esprit, Comme il l'avait fait avec Christ, en lui disant, si tu es fils de Dieu, alors qu'il savait lui-même que Jésus était le fils de Dieu. Oui il viendra comme il l'avait fait au jardin d'Eden :

«Le serpent était le plus Rusé de tous les animaux des champs, que l'Éternel Dieu avait faits. Il dit à la femme: Dieu a-t-il réellement dit: Vous ne mangerez pas de tous les arbres du jardin? La femme répondit au serpent: Nous mangeons du fruit des arbres du jardin ». Genèse 3:1-2.

Chers amis, il a ainsi semé le doute dans le cœur d'Eve. Vous devez retenir qu'il n'a pas changé. Il utilise les mêmes méthodes pour faire échouer les fils des Hommes. Il utilisera tous les instruments possibles, pour trouver une faille en vous. Il se servira de vos anciens compagnons de péché pour vous tenter. Il passera également par ton père, par ta mère, par ta femme, par ton mari, par ton enfant, par ton patron, par ton collègue de service, bref, par n'importe quel instrument autour de vous pour vous rattraper à nouveau afin de vous maintenir dans la servitude. Voilà pourquoi Jésus dit:

« Ne croyez pas que je sois venu apporter la paix sur la terre; je ne suis pas venu apporter la paix, mais l'épée. Car je suis venu mettre la division entre l'homme et son père entre la fille et sa mère, entre la belle fille et sa belle-mère, et l'homme aura pour ennemi les gens de sa maison ». Matthieu 10 : 34.

Oui, parce que vous avez accepté Jésus-Christ, le diable se servira de vos proches, de ceux pour qui vous avez le plus d'estime, pour vous rendre la vie impossible, pour vous décourager, dans le but de vous ramener en arrière, voire renoncer à Jésus. C'est pour cette raison, que je vous donne ces avertissements pour que vous ne tombiez pas dans son piège. Surtout évitez d'avoir du ressentiment ou de la haine vis-à-vis de ces personnes par qui le diable passe pour vous nuire. Car il est écrit :

«Car nous n'avons pas à lutter contre la chair et le sang, mais contre les dominations, contre les autorités, contre les princes de ce monde de ténèbres, contre les esprits méchants dans les lieux célestes». Ephésiens 6:12.

Vous ne devez pas vous tromper d'ennemi. Car le seul que vous devez haïr et combattre, ce sont les forces de mal qui opèrent sous silence par l'intermédiaire de ceux qui vous sont chers. Garder la haine et le ressentiment dans votre cœur pour ces personnes, vous exposera et vous rendra vulnérable aux attaques de l'ennemi. Mais si vous restez fermes dans la mise en pratique de la parole de Dieu comme Jésus-Christ lors de la tentation, le diable échouera dans tous ses projets, et

Ses instruments finiront un jour par comprendre que vous servez le Dieu vivant et vrai. Voilà pourquoi vous devez en toute circonstance être nourris de la parole de Dieu, afin de connaitre quelle arme utiliser le moment venu. Elle doit être en vous, afin Que vous sachiez comment vous conduire devant chaque situation. Car il y a une parole pour chaque situation, et vous devez la connaître. Les épreuves surgiront certes! Mais la parole de Dieu en vous, vous donnera la victoire sur elles, si vous la mettez en pratique. Il faut savoir que la victoire de Christ durant son pèlerinage terrestre, résidait dans la connaissance, la mise en pratique de la parole de Dieu et Sa puissante intimité avec Lui.

Il doit en être de même avec nous. Lire la Bible et ne pas la mettre en pratique ne sert à rien. C'est un crime contre vous-mêmes. C'est comme une personne sale qui achète un morceau de savon et ne l'utilise jamais pour sa toilette. Malgré la possession du savon, cette dernière continuera à dégager les mauvaises odeurs. Il en est de même avec la parole de Dieu. C'est la mise en pratique de la parole de Dieu qui produit le miracle, la transformation, la guérison et la délivrance dans notre vie. Le secret pour provoquer la puissance surnaturelle de Dieu dans notre vie, et dans les moments difficiles, c'est l'obéissance et la soumission à Sa parole. A titre d'exemple, nous voyons le peuple d'Israël devant les murs de Jéricho. Le seul moyen de vaincre cet obstacle, était d'obéir à Dieu.

« Jéricho était fermée et barricadée devant les enfants d'Israël. Personne ne sortait, et personne n'entrait. L'Éternel dit à Josué: Vois, je livre entre tes mains Jéricho et son roi, ses vaillants soldats. Faites le tour de la ville, vous tous les hommes de guerre, faites une fois le tour de la ville. Tu feras ainsi pendant six jours. Sept sacrificateurs porteront devant l'arche sept trompettes retentissantes; le septième jour, vous ferez sept fois le tour de la ville; et les sacrificateurs sonneront des trompettes. Quand ils sonneront de la corne retentissante, quand vous entendrez le son de la trompette, tout le peuple poussera de grands cris. Alors la muraille de la ville s'écroulera, et le peuple montera, chacun devant soi » Josué 6 :1-5

En route pour la terre promise, le peuple de Dieu s'était retrouvé face à un grand obstacle. C'était le genre de problème qu'aucun homme sur la terre ne pouvait résoudre. Il fallait absolument l'intervention du Dieu vivant. Les saintes écritures déclarent que Jéricho était fermée et barricadée devant les enfants d'Israël. Personne ne sortait, et personne n'entrait. C'était une forteresse devant le peuple de Dieu. Seule la puissance surnaturelle de Dieu pouvait la détruire. Dans notre existence, il arrive parfois à chacun de nous de faire face aux problèmes similaires ou seul, la puissance surnaturelle de

Dieu peut nous donner de venir à bout. A ce moment, le secret pour être délivré de ces problèmes, c'est d'obéir à Dieu et de se soumettre à la stratégie qu'Il choisit. Tout ce que les enfants D'Israël avaient à faire, étaient de se

Soumettre et d'obéir à l'ordre du Dieu Tout-Puissant pour vaincre cet obstacle. S'ils n'avaient pas obéi aux Instructions divines, malgré la connaissance du secret qui leur avait été révélé pour la destruction de ce mur, rien ne se serait produit. Je peux encore vous prendre l'exemple de Pierre l'un des apôtres du Seigneur Jésus- Christ.

«Lorsqu'il eut cessé de parler, il dit à Simon: Avance en pleine eau, et jetez vos filets pour pêcher. Simon lui répondit: Maître, nous avons travaillé toute la nuit sans rien prendre; mais, sur ta parole, je jetterai le filet. L'ayant jeté, ils prirent une grande quantité de poissons, et leur filet se rompait ». Luc 5:4-6.

Chers amis, la parole de Dieu nous fait comprendre ici que Simon appelé Pierre avec les autres disciples, avaient travaillé toute la nuit sans succès selon ce récit, ils n'y croyaient plus qu'ils pouvaient prendre un seul poisson. Mais sur la parole de Jésus, Pierre a jeté le filet et la puissance surnaturelle de Dieu était à l'œuvre. La Bible dit : « ***ils prirent une grande quantité de poissons, et leur filet se rompait*** ». Nous comprenons ici que si Pierre n'avait pas obéi, malgré la connaissance de la parole de Dieu, aucun miracle n'aurait eu lieu.

Voilà ce qui se passe lorsqu'on se soumet et qu'on obéit à la parole de Dieu. Combien de fois avez-vous déjà essayé par vous-même sans succès, Alors que Dieu ne cesse de vous parler et que vous refusez de Lui obéir ? Je crois qu'il est temps pour vous de commencer à mettre en pratique la parole de Dieu si vous voulez voir un Changement dans votre vie. C'est la mise en pratique de la parole de Dieu qui fait la différence entre le chrétien et le religieux.

Le religieux est celui qui a en sa possession un morceau de savon et ne s'en sert jamais pour sa toilette. Plusieurs personnes connaissent la parole de Dieu, mais n'ont jamais expérimenté la puissance surnaturelle derrière cette parole à cause du manque de soumission et d'obéissance à cette parole. La plupart de chrétiens sont devenus des champions pour chasser les démons tout simplement parce qu'ils refusent de mettre en pratique la parole de Dieu. Ils sont incapables de discerner le doigt de Dieu de celui du diable lorsqu'ils ont des problèmes. C'est pourquoi, ils voient les démons dans toutes les situations auxquelles ils sont confrontés. Dieu dit :

« Ne savez-vous pas que les injustes n'hériteront point le royaume de Dieu? Ne vous y trompez pas: ni les impudiques, ni les idolâtres, ni les adultères, ni les efféminés, ni les infâme, ni les voleurs, ni les cupides, ni les ivrognes, ni les outrageux, ni les ravisseurs, n'hériteront le royaume de Dieu ».1 Corinthiens 6 : 9-10.

Il est encore écrit :

«Or, les œuvres de la chair sont manifestes, ce sont l'impudicité, l'impureté, la dissolution, l'idolâtrie, la magie, les inimitiés, les querelles, les jalousies, les animosités, les disputes, les divisions, les sectes, l'envie, l'ivrognerie, les excès de table, et les choses semblables.

Je vous dis d'avance, comme je l'ai déjà dit, que ceux qui commettent de telles choses n'hériteront point le royaume de Dieu ». Galates 5:19-21.

Un(e) chrétien(e) impudique où adultère ne devrait pas être surpris d'avoir les couches de nuits. Une personne qui consulte les féticheurs ne devrait pas aussi être surprise d'avoir des oppressions où d'être envoûté. Chasser les démons dans cette circonstance sans avoir mis fin à la pratique du péché, ne sert à rien. Ce n'est pas pour dire que la prière soit mauvaise. Mais nous devons comprendre qu'il y a des requêtes que nous n'avons même pas besoin d'élever à Dieu si Sa parole est mise en pratique.

Mettre la parole de Dieu en pratique, c'est mettre Dieu à l'épreuve, c'est de Le mettre au défi. Choisir de prier là où Dieu attend que nous obéissions à un ordre spécifique de Sa part, est une abomination, une activité sans rendement. Il est écrit :

« Mettez en pratique la parole, et ne vous bornez pas à l'écouter, en vous trompant vous-mêmes par de faux raisonnements». Jacques 1:22.

Il est aussi écrit :

« Si quelqu'un détourne l'oreille pour ne pas écouter la loi, Sa prière même est une abomination». Proverbes 28:9

.

Nous devons comprendre que Dieu est incorruptible et Sa parole est immuable. Prier au lieu de se soumettre à l'ordre de Dieu nous concernant, ne L'amènera pas à changer d'avis à notre égard. Notez que la prière et la délivrance sont très importantes dans la vie chrétienne, d'ailleurs, j'en pratique moi-même, pourvu qu'elles soient à leur place.

Conseils pratique

Je vous suggère d'établir un programme de lecture biblique pour vous assurer que vous le faite de manière systématique.

1- Vous pouvez décider de lire au moins cinq à dix chapitres par jour. Ne commencer jamais la lecture quand vous êtes fatigués.

2- Avant de commencer votre programme de lecture, demander au Saint-Esprit de vous révéler Sa parole, de vous enseigner, de prendre le control totale de toute chose.

3- Il est important de couvrir vos pensées, vos désirs, vos émotions, vos sentiments dans le sang de Jésus-Christ contre toute attaque de l'ennemi.

4- Si vous vous rendez compte que chaque fois que vous commencez la lecture, le sommeil prend le dessus, ou alors, vous n'arrivez pas à vous concentrer, prenez autorité contre tout esprit de distraction, d'oppression, de sommeil, de fatigue, liés et enchaîné les en les envoyant dans les lieux arides. Saturer l'atmosphère par le sang de Jésus.

5- Ensuite, lisez audiblement comme si vous vous adresser à un auditoire. Vous remarqueriez qu'au bout de quinze à trente minutes de lecture, l'atmosphère sera détendue et vous pourriez continuer tranquillement votre lecture.

6- Qu'une onction particulière se déverse sur vous pendant que vous le faite, et que la connaissance de Sa parole révolutionne votre vie spirituelle au nom de Jésus-Christ. Amen

CHAPITRE TROIS

RENDRE TEMOIGNAGE DES MERVEILLES DE DIEU

Rendre témoignage des merveilles de Dieu fait partie des moyens à votre portée pour conserver le terrain gagné. Prêcher l'évangile c'est parler de Jésus et de Ses merveilles. C'est aussi témoigner de Sa bonté, de son amour, de Sa miséricorde, de Sa compassion et de Sa fidélité. Prêcher l'évangile, c'est également un moyen de révéler au monde sa nouvelle nature.

Mais avant tout, nous devons d'abord être baptisés du Saint-Esprit. Après l'ascension Jésus-Christ, les apôtres ne se sont pas précipités pour annoncer l'évangile. Ils ont obéi à l'instruction du Seigneur dans Actes 1 : 4 de ne pas s'éloigner de Jérusalem, mais d'attendre d'abord d'être baptisés du Saint-Esprit avant de commencer à annoncer l'évangile. C'est pourquoi les disciples d'un commun accord se sont réunis en prière dans la chambre haute et dans l'attente de la promesse de Dieu selon qu'il est écrit :

«Le jour de la Pentecôte, ils étaient tous ensemble dans le même lieu. Tout à coup il vint du ciel un bruit comme celui d'un vent impétueux, et il remplit toute la maison où ils étaient assis. Des langues, semblables à des langues de feu, leur apparurent, séparées les unes des autres, et se posèrent sur chacun d'eux. Et ils furent tous remplis du Saint- Esprit, et se mirent à parler en d'autres langues, selon que l'Esprit leur donnait de s'exprimer ». Actes 2:1-4

Celui qui veut avoir de bons résultats dans la vie chrétienne ainsi que dans l'évangélisation, doit suivre cet exemple. Car,il est écrit :

«Car le royaume de Dieu ne consiste pas en paroles, mais en puissance». 1Corinthiens 4:20.

L'apôtre Paul pouvait encore dire :

«Et ma parole et ma prédication ne reposaient pas sur les discours persuasifs de la sagesse, mais sur une démonstration d'Esprit et de puissance ». 1Corinthiens 2:4.

En d'autres termes, l'apôtre Paul voulait nous faire comprendre que prêcher l'évangile va au-delà des paroles. C'est une démonstration d'Esprit et de puissance. Et nous savons que le Saint-Esprit seul peut manifester les dons spirituels à travers un enfant de Dieu. Lors de nos sorties d'évangélisation, nous devons être à la hauteur du défi, prêt à répondre partout où le besoin se fait ressentir, en priant pour les malades, en exhortant et

Même en chassant les démons. Les gens ont déjà beaucoup entendu parler de Jésus. Ils veulent maintenant voir et toucher du doigt ce qu'on leur a dit depuis plusieurs années. Nombreux sont ceux qui ont cru au Seigneur sous le ministère de Christ et des apôtres parce qu'ils ont vu les miracles. Il faut qu'il en soit de même avec nous aujourd'hui. Nous devons être des faiseurs de miracles, des instruments entre les mains du Seigneur pour prouver à l'humanité que Jésus-Christ n'a pas changé et pour manifester Sa gloire, afin que Son nom soit à jamais glorifié.

Nous devons aussi témoigner de ce que Jésus a fait pour nous. Remarquez, qu'après que Christ eut délivré cet homme qui était possédé de plusieurs démons, Lui a dit: va et raconte ce que j'ai fait pour toi.

«Jésus ne le lui permit pas, mais il lui dit: Va dans ta maison, vers les tiens, et raconte-leur tout Ce que le Seigneur t'a fait, et comment il a eu pitié de toi. Il s'en alla, et se mit à publier dans la Décapole tout ce que Jésus avait fait pour lui. Et tous furent dans l'étonnement ». Marc 5:19-20

C'est à la suite de certains témoignages, que plusieurs personnes se sont données à Christ à l'exemple du témoignage de la femme Samaritaine.

«Plusieurs Samaritains de cette ville crurent en Jésus à cause de cette déclaration formelle de la femme: Il m'a dit tout ce que j'ai fait ». Jean4:39.

C'est avec enthousiasme que nous devons témoigner les merveilles de Dieu dans notre vie. Par notre témoignage nous donnons gloire à Dieu et en même temps, nous proclamons l'échec de l'ennemi dans notre vie selon qu'il est écrit :

« Ils l'ont vaincu à cause du sang de l'agneau et à cause de la parole de leur témoignage, et ils n'ont pas aimé leur vie jusqu'à craindre la mort». Apocalypse12:11.

Nous devons également manifester notre reconnaissance à Dieu et ne pas se comporter comme les neufs lépreux qui ont reçus leur délivrance cependant, sont restés ingrats vis-à-vis du Seigneur selon qu'il est écrit :

«Comme il entrait dans un village, dix lépreux vinrent à sa rencontre. Se tenant à distance, ils élevèrent la voix, et dirent: Jésus, maître, aie pitié de nous! Dès

qu'il les eut vus, il leur dit: Allez-vous montrer aux sacrificateurs. Et, pendant qu'ils y allaient, Il arriva qu'ils furent guéris. L'un deux, se voyant guéri, revint sur ses pas, glorifiant Dieu à haute voix. Il tomba sur sa face aux pieds de Jésus, et lui rendit grâces. C'était Jésus, prenant la parole, dit: Les dix n'ont-ils pas été

guéris? Et les neuf autres, où sont-ils? Ne s'est-il trouvé que cet étranger pour revenir et donner gloire à Dieu » ? Luc 17:12

Prêcher l'évangile n'est pas du fanatisme comme le pensent certaines personnes, mais c'est une prescription divine selon qu'il est écrit :

«Puis il leur dit: Allez par tout le monde, et prêchez la bonne nouvelle à toute la création. Celui qui croira et qui sera baptisé sera sauvé, mais celui qui ne croira pas sera condamné». Marc 16:15-16

Nous ne devons pas avoir honte de parler de Jésus car Il a dit :

«Car quiconque aura honte de moi et de mes paroles au milieu de cette génération adultère et pécheresse, le Fils de l'homme aura aussi honte de lui, quand il viendra dans la gloire de son Père, avec les saints anges »Marc 8:38

Paul nous dit : ***«Car je n'ai point honte de l'Évangile: c'est une puissance de Dieu pour le salut de quiconque croit...» Romains 1 : 16***

De même que l'apôtre Paul n'a pas eu honte d'annoncer l'évangile, de même aussi, nous ne devons pas avoir honte de prêcher l'évangile autour de nous. Nous devons plutôt voir la prédication de la parole de Dieu comme un privilège de coopérer avec Dieu pour le salut des âmes. Je crois fermement que si Dieu nous laisse encore dans ce monde après la conversion, c'est pour que nous Lui servions d'instruments pour amener le plus grand nombre de personnes à Le connaitre. L'apôtre Paul avait très bien compris. C'est pourquoi il dit :

«Si j'annonce l'Évangile, ce n'est pas pour moi un sujet de gloire, car la nécessité m'en est imposée, et malheur à moi si je n'annonce pas l'Évangile». 1Corinthiens 9:16.

Nous devons propager l'évangile en temps favorable ou non ! Nous devons le faire non seulement en paroles, mais beaucoup plus en actions. Chaque chrétien devrait se rassurer que ses actes et ses paroles contribuent à sauver une âme. Ceux qui croient en Jésus-Christ doivent briller partout où ils se trouvent. Ils doivent être des modèles, des personnes différentes. Ils doivent également se distinguer par leur manière de vivre. Au travers d'eux, on doit voir Christ. C'est pour cette raison que Dieu a dit :

« Vous êtes le sel de la terre. Mais si le sel perd sa saveur, avec quoi la lui rendra-t-on? Il ne sert plus qu'à être jeté dehors, et foulé aux pieds par les hommes. Vous êtes la lumière du monde. Une ville située sur une montagne ne peut être cachée; et on n'allume pas une lampe pour la mettre sous le boisseau, mais on la met sur le chandelier, et elle éclaire tous ceux qui sont dans la maison. Que votre lumière luise ainsi devant les hommes, afin qu'ils voient vos bonnes œuvres, et qu'ils glorifient votre Père qui est dans les cieux ».

Oui bien-aimés, nous avons pour mission de donner la vie aux âmes mourantes, de donner la joie aux Cœurs attristés, de donner l'espoir aux désespérés, de relever ceux qui sont tombés, de nourrir les affamés, de fortifier les faibles, de prier pour les malades, de rendre visite aux prisonniers et aux malades etc.

Il est aussi écrit :

«Vous êtes manifestement une lettre de Christ, écrite, par notre ministère, non avec de l'encre, mais avec l'Esprit du Dieu vivant, non sur des tables de pierre, mais sur des tables de chair, sur les cœurs». Corinthiens 3:3

Nous devons être des témoins du Seigneur, pas seulement des choses que nous avons entendues, mais de ce qu'il a fait dans nos vies.

« Mais vous recevrez une puissance, le Saint-Esprit survenant sur vous, et vous serez mes témoins à Jérusalem, dans toute la Judée, dans la Samarie, et jusqu'aux extrémités de la terre ». Actes 1 : 8

Prêcher l'évangile, est aussi un bon moyen pour mémoriser les versets bibliques. Plus on parle de Jésus-Christ aux autres, plus on s'édifie soi-même. Je vais vous faire part d'une expérience que j'ai vécue lors d'une de mes sorties d'évangélisation en 2002. Dieu m'envoie prêcher l'évangile à un prêtre vaudou. Aller dans le sanctuaire de ce prêtre lui annoncer l'évangile était pour moi un grand défi à relever à cette époque. Pour commencer, il fallait vaincre la peur et avancer avec l'assurance que Jésus-Christ a vaincu Satan ainsi que son royaume sur la croix du calvaire.

Après avoir pris du temps devant Dieu dans la prière par rapport à la circonstance, je me suis rendue sur les lieux. Après la salutation et un moment de prière pour demander au Saint-Esprit d'être au contrôle, J'ai commencé à annoncer l'évangile à ce prêtre qui ne cessait de m'intriguer par des rires moqueurs. Ensuite, il m'a dit ceci: *«**je fais les miracles et je délivre même les fous dans mon sanctuaire .Et toi, quel miracle as-tu déjà fait**»*? Il venait de me lancer un défi et il fallait le relever au nom de Jésus-Christ.

J'étais coincée, car je ne m'attendais pas à ce genre de question. J'avais l'habitude de prier pour la délivrance de plusieurs personnes, de chasser les démons, de prier pour

Les malades et d'obtenir de bons résultats. Mais à ce moment, j'étais à court d'idées. Pendant que j'étais là à réfléchir ne sachant quoi répondre, le Saint-Esprit m'a inspiré et m'a dit: ***«tu prêches l'évangile et les âmes sont sauvées. C'est le premier et le plus grand des miracles. Donne-lui cette réponse».***

J'étais remplie de joie à cause de cette révélation. Et je lui ai dit : je prêche l'évangile et les âmes sont sauvées. C'est un miracle et c'est le plus grand des miracles. A cette réponse, ce prêtre est resté sans parole devant moi pendant que de mon cœur, je laissais échapper des actions de grâces au Seigneur. Il a fallu que je sois entrain d'annoncer l'évangile pour connaitre cette vérité qui a édifié mon âme, et m'a permis de relever le défi qui m'avait été lancé. Prêcher l'évangile permet aussi de mémoriser les versets bibliques.

A Dieu soit la gloire !

CHAPITRE QUATRE

PRIER : COMMENT COMMENCER, CONTINUER ET FINIR !

La connaissance de la parole de Dieu fait de nous de grands guerriers dans la prière. Oui la prière fait partie des méthodes pour conserver le terrain gagné. Elle est fondamentale dans la vie chrétienne. Tous les grands Hommes et femmes de Dieu qui ont réussi leur ministère et ont marqués leur génération étaient et sont des hommes et des femmes de prière. Des personnes qui passent des heures interminables devant Dieu dans la prière selon qu'il est écrit :

« Prier sans cesse ». 1 Thessaloniciens 5 : 17.

Vous devez savoir que tout ce qui n'est pas fait dans la prière, n'est pas fait du tout. Le monde est d'abord spirituel avant d'être physique de même qu'un être humain. Nous sommes d'abord des êtres spirituels avant d'être physique. Quelque soit ce que vous désirez avoir sur le plan physique, si vous n'avez pas encore remporté la bataille dans le domaine spirituel, il vous sera difficile de l'obtenir. Aussi, Je vous invite à prier, et surtout savoir que la prière n'est pas une récitation, mais un dialogue avec Dieu dans la foi. Les saintes écritures déclarent :

« Mais qu'il la demande avec foi, sans douter; car celui qui doute est semblable au flot de la mer, agité par le vent et poussé de côté et d'autre. Qu'un tel homme ne s'imagine pas qu'il recevra quelque chose du Seigneur. C'est un homme irrésolu, inconstant dans toutes ses voies». Jacques 1 : 6-8

Tous ceux qui s'engagent à prier, doivent croire que Dieu les écoutent. L'incrédulité est un obstacle à l'exaucement de la prière. Plusieurs personnes ne savent pas prier. Voilà pourquoi, elles n'obtiennent pas de bon résultat. Certains sont incapable de faire une heure de prière, tout simplement parce qu'ils sont ignorent des différentes étapes dans la prière.

L'être humain fait face à beaucoup de défi dans la vie, et il est bon de savoir que chaque problème à une solution, pourvu que l'on sache comment le présenter à Dieu. Il y a des problèmes dans la vie qui nécessite des actions de grâces, d'autres ou il faut tout simplement se repentir et implorer la miséricorde de Dieu pour avoir la solution.

D'autres encore ou il faut faire des prières d'autorités, ou alors les prières d'intercessions pour avoir la solution. Chaque chrétien doit être capable de discerner dans quel couloir agir face aux multiples tourments de la vie. Prier, c'est dire les paroles inscrites dans le cœur. Ce qu'on déclare de la bouche, doit être identique à ce qui vient du cœur. Le meilleur moyen d'apprendre à prier, c'est de prier avec ceux qui ont accepté Jésus-Christ comme Seigneur et maître, et de lire de bons manuels sur la prière. Il est important de savoir que pour prier, nous n'avons pas besoin des accessoires tels que : bougie, chapelet, croix, mouchoir oint, terre de la maison familial, bracelet oint et autres. Le seul élément donc nous avons besoin pour nous approcher de Dieu, c'est la foi selon qu'il est écrit :

« Parce que tout ce qui est né de Dieu triomphe du monde; et la victoire qui triomphe du monde, c'est notre foi». 1Jean 5:4

La prière a plusieurs étapes

1- Les actions de grâces,
2- la repentance,
3-la purification par le sang de Jésus-Christ,
4- invoquer la présence du Saint-Esprit,
5- le combat spirituel,
6- l'intercession,
7- Le remerciement.

La prière commence par les actions de grâces et s'achève par les remerciements à Dieu.

«Rendez continuellement grâces pour toutes choses à Dieu le Père, au nom de notre Seigneur Jésus-Christ. » Ephésiens 5:20

1-Les actions de grâces

«Mon âme, bénis l'Éternel! Que tout ce qui est en moi bénisse son saint nom! Mon âme, bénis l'Éternel, Et n'oublie aucun de ses bienfaits! C'est lui qui pardonne toutes tes iniquités, Qui guérit toutes tes maladies; C'est lui qui délivre ta vie de la fosse, Qui te couronne de bonté et de miséricorde; C'est lui qui rassasie de biens ta vieillesse, Qui te fait rajeunir comme l'aigle ».Psaumes 103:1-5.

Les actions de grâces consistent à être reconnaissant envers le Seigneur pour tous ses bienfaits dans notre vie. Comme David, nous devons être reconnaissant pour la vie, la paix, la joie, le salut que Dieu nous donne en Jésus-Christ. Nous devons chaque jour Lui dire merci pour Son pardon, Son amour, Sa patience, Sa miséricorde et Sa compassion envers nous. Nous devons également Lui dire merci pour notre nom qui est écrit dans le livre de vie. Les actions de grâces consistent aussi à dire merci pour l'œuvre qu'Il a accompli sur la croix, pour notre famille qu'Il garde en santé, pour Sa protection dans notre vie, pour tous nos besoins auxquels Il pourvoit, pour les combats qu'Il mène Chaque jour en notre faveur, pour la paix dans notre nation, pour la pluie en son temps. Nous devons remercier également le Seigneur pour notre église, pour notre pasteur, pour nos bien-aimés dans le Seigneur qu'Il garde en bonne santé et pourvoit à leurs besoins etc. Nous devons aussi Le remercier pour l'exaucement de nos prières précédentes.

Il y a des personnes qui ne savent jamais dire merci à Dieu. Elles ne font que voir ce que Dieu n'a pas fait et ne passent le temps qu'à demander. Elles sont ingrates et insatisfaites de ce que Dieu fait chaque jour dans leurs vies. Nous devons chaque fois nous arrêter et dire merci à Dieu pour ce qu'il fait chaque jour dans notre vie. L'ingratitude attriste le cœur de Dieu. Dieu aime la reconnaissance. Nous le voyons dans cette histoire de dix lépreux :

« L'un d'eux, se voyant guéri, revint sur ses pas, glorifiant Dieu à haute voix. Il tomba sur sa face aux Pieds de Jésus, et lui rendit grâces. C'était un Samaritain. Jésus, prenant la parole, dit : Les dix N'ont-ils pas été guéris ? Et les neufs autres, où sont-ils ? » Luc 17 : 15-17.

Chers amis, cette histoire nous fait tout simplement comprendre que Dieu s'attend à ce que nous soyons reconnaissants pour tous Ses bienfaits dans notre vie. Les actions de grâces consistent aussi à dire merci à Dieu même pour ce qu'Il n'a pas encore fait. C'est de Lui dire merci pour les épreuves du moment auxquelles nous faisons face. Car les saintes écritures déclarent :

« Nous savons, du reste, que toutes choses concourent au bien de ceux qui aiment Dieu, de ceux qui sont appelés selon son dessein». Romains 8 : 28.

Il est aussi écrit :

« Mes frères, regardez comme un sujet de joie complète les diverses épreuves auxquelles vous pouvez être exposés, sachant que l'épreuve de votre foi produit la patience ».Jaques 1 : 2-3.

Dieu dit également :

«Rendez grâce en toutes choses, car c'est à votre égard la volonté de Dieu en Jésus-Christ ». 1Théssaloniciens 5:18.

Dieu nous demande de Lui rendre grâce en toutes choses parce qu'Il fait concourir toute action de l'ennemi en notre faveur. Toutes les souffrances, les épreuves et les difficultés auxquelles nous sommes confrontées, ont pour mission de nous rapprocher de Dieu, de nous transformer, de bâtir en nous le caractère chrétien, de nous donner de grandir dans la connaissance de Dieu, dans la soumission à Dieu et à Sa parole, dans l'obéissance à Dieu et de produire en nous la patience. C'est vrai qu'il n'est pas facile de dire merci à Dieu dans les moments de souffrance. Mais sachez que les actions de grâce dans les épreuves sont le plus haut niveau dans la prière, car elles touchent directement le cœur de Dieu selon qu'il est écrit :

« …Mais je suis avec l'homme contrit et humiliés, afin de ranimer les esprits humiliés, afin de ranimer les cœurs contrits ». Esaïe 57:15

Il n'y a pas une autre prière qui dépasse les actions de grâces dans les épreuves. Rendre grâce à Dieu dans les épreuves, c'est donner une gifle à Satan. Lorsque nous Décidons d'être en joie malgré les difficultés, nous rendons triste l'ennemi des élus avec tout son royaume. La joie du chrétien affaiblit et désarme les démons et tous les sorciers. Lorsque nous rendons grâce à Dieu dans les difficultés, nous touchons directement le cœur de Dieu. Par nos actions de grâces, nous l'invitons dans notre situation, et parce qu'il ne peut pas rester insensible à une telle action, il agit en notre faveur.

Nous pouvons citer cet exemple :

« Vers le milieu de la nuit, Paul et Silas priaient et chantaient les louanges de Dieu, et les prisonniers les entendaient. Tout à coup, il se fit un grand tremblement de terre, en sorte que les fondements de la prison furent ébranlés ; au même instant, toutes les portes s'ouvrirent, et les liens de tous les prisonniers furent rompus». Actes 16 : 25-26.

Il s'agit ici d'une histoire vraie. D'une situation qu'ont vécue Paul et Silas. Ils avaient été arrêtés et jetés en prison à cause de l'évangile. Ils avaient toutes les raisons du monde pour se plaindre et se lamenter de leur sort. Car, ils n'avaient rien fait de mal pour mériter ce traitement, ils n'avaient commis aucun péché. Mais au lieu de se plaindre, de se lamenter, de désespérer, de se décourager, de s'abandonner à la situation, ils ont choisi de rendre grâce à Dieu. Ils savaient en qui ils avaient cru. Ils savaient aussi que leur Dieu pouvait les sortir de cette prison. Et même si ce n'était pas le cas, ils avaient quand même choisi de Lui rendre grâce. De Le louer, de Lui dire comment aucun autre Dieu n'est comparable à Lui, de Lui dire combien Il est grand et Puissant. De Lui dire, Seigneur avec ou sans liberté, Tu es et demeure notre Seigneur. Tu n'es pas Dieu parce que nous sommes en liberté, ou en prison, Tu es Dieu et demeures Dieu quel que soit ce qui peut nous arriver.

Chers amis, face à une telle attitude de cœur, comment est-ce que Dieu pouvait rester insensible à leur action de grâce? Qui résisterait à un tel amour? A une telle fidélité? A une telle détermination? A un tel engagement ? Surtout pas Dieu! Rendre grâces à Dieu

Dans les épreuves, est une façon de Lui dire, avec ou sans ceci, Tu es Seigneur! Les actions de grâces sont accompagnées par les moments de louange et d'adoration à Dieu. Vous avez bien vu dans le cas de Paul et de Silas. La parole de Dieu dit qu'ils priaient et chantaient des louanges à Dieu. Nous devons toujours commencer nos prières par des moments d'actions de grâce et de louange à Dieu. Mais surtout, apprendre à rendre grâces à Dieu dans les moments difficiles. Apprendre à Lui dire merci même pour ce qu'Il n'a pas encore fait.

A lui dire merci quand tout va mal, parce qu'Il y a de l'espoir pour celui qui respire encore, sachant que le Dieu de miracle peut tout changer à tout moment. Nous devons retenir ici que l'action de grâce dans les épreuves produit le miracle.

2- La repentance

Après les actions de grâces, nous devons en chaîner notre moment de prière par la repentance. Il est écrit :

«Si donc tu présentes ton offrande à l'autel, et que tu te souviennes que ton frère à quelque chose contre toi, laisse là ton offrande devant l'autel, et va d'abord te réconcilier avec ton frère ; puis, viens présenter ton offrande ».Matthieu 5:23-24

Il est question ici d'une autre dimension de la repentance. Il se pourrait que vous n'ayez pas vous-même de problème avec votre prochain, que vous ne vous reprochez de rien. Mais le seul fait que vous avez connaissance que votre prochain a quelque chose contre vous, vous oblige d'aller faire la paix avec lui selon la parole de Dieu. C'est pour cette raison que Dieu nous demande de rechercher la sanctification sans laquelle nul ne verra le Seigneur. Rechercher la sanctification, c'est de nous rassurer autant que cela dépend de nous, que nous sommes en paix avec tout le monde.

La repentance ouvre l'accès à nos prières au cœur de Dieu. Elle nous rapproche de Dieu. La repentance c'est reconnaître ses fautes devant Dieu. C'est de lui demander pardon. La repentance nous invite non seulement à demander pardon à Dieu pour nos péchés, mais aussi à demander pardon à tous ceux que nous avons offensés. Voilà pourquoi Jésus nous dit ceci :

«Si donc tu présentes ton offrande à l'autel, et que là tu te souviennes que ton frère a quelque chose contre toi, laisse là ton offrande à l'autel, et va d'abord te réconcilier avec ton frère ; puis, viens présenter ton offrande ». Matthieu 5:23-24

La prière est une offrande. Raison pour laquelle, quiconque veut avoir un bon résultat dans la prière, doit mettre en pratique cette recommandation de Jésus. Il est écrit :

«Tous ont péché et sont privés de la gloire de Dieu ». Romains 3:23.

En d'autres termes, il n y a aucune personne qui soit sans péché. Le plus souvent, lorsqu'on demande aux gens de se repentir devant Dieu pour leur péché, la plupart se justifie en disant qu'ils n'ont pas de péché. Or, les saintes écritures disent ceci :

« Non, il n'y a sur la terre point d'homme juste qui fasse le bien et qui ne pèche jamais». Ecclésiaste 7 :20.

Plus loin il est écrit :

«Si nous disons que nous n'avons pas de péché, nous nous séduisons nous-mêmes, et la vérité n'est point en nous. Si nous confessons nos péchés, il est fidèle et juste pour nous pardonner, et pour nous purifier de toute iniquité. Si nous disons que nous n'avons pas de péché, nous le faisons menteur, et la vérité n'est point en nous ». 1Jean 1:8-10.

D'aucuns pensent que, parce qu'ils n'ont jamais tué, ils n'ont pas de péché. Cependant, il est écrit :

«Quiconque hait son frère est un meurtrier, et vous savez qu'aucun meurtrier n'a la vie éternelle demeurant en lui ». Matthieu 5:28.

Il est encore écrit:
«Mais moi je vous dis que quiconque regarde une femme pour la convoitera déjà commis un adultère avec elle dans son cœur». 1Jean 3:15.

Dans ***Jaques 3 :2 « Nous bronchons tous de plusieurs manières… ».***

En d'autres termes, nous commettons des péchés, par nos paroles, par nos motivations, par nos pensées ainsi que par nos actions. A ce niveau, nous sommes tous d'accord que personne ne peut dire qu'il n'a pas de péché. Raison pour laquelle il est bon de les confesser devant Dieu, d'aller vers son prochain pour la restitution et de prendre un engagement de changer de vie. Car Dieu dit :

« Celui qui cache ses transgressions ne prospère point, mais celui qui les avoue et les délaisse obtient miséricorde». Proverbes 28 : 13

Autrement dit, pour obtenir Sa miséricorde, il ne faut pas seulement avouer ses transgressions devant Dieu, mais il faut aussi les délaisser, les abandonner. Dans la repentance, nous devons non seulement demander à Dieu et à tous ceux que nous avons offensés pardon pour nos péchés, mais aussi pardonner à tous ceux qui nous ont offensés selon qu'il est écrit :

« Si vous pardonnez aux hommes leurs offenses, votre Père céleste vous pardonnera aussi ; mais si vous ne pardonnez pas aux hommes, votre Père ne vous pardonnera pas non plus vos offenses ».Matthieu 6 : 14-15.

3- Le sang de Jésus-Christ

Après la repentance, nous devons invoquer le sang de Jésus-Christ pour la purification de notre Corps, de notre âme et de notre esprit. Il y a une puissance dans le sang de Jésus-Christ. Les saintes écritures le confirment:

«Ils l'ont vaincu à cause du sang de l'agneau ». Apocalypse12:11.

Nous devons l'invoquer dans la vie de nos enfants, de nos frères et sœurs, de nos parents, de notre mari ou de notre femme. Nous devons également l'invoquer dans nos maisons, dans notre église, dans notre nation, dans notre famille, dans la vie de notre pasteur pour la purification des souillures. C'est au travers du sang de Christ versé sur la croix que Dieu nous pardonne selon qu'il est écrit :

«…et sans effusion de sang, il y a pas de pardon ». Hébreux 9:22.

C'est le sang de Jésus-Christ qui nous donne accès dans le Saint des Saints, dans la présence directe de Dieu. Le sang de Jésus nous ressuscite, nous restaure, nous purifie, nous sanctifie, nous donne la paix, la joie, la vie selon qu'il est écrit :

« …moi, je suis venu afin que les brebis aient la vie, et qu'elles soient dans l'abondance». Jean 10 : 10.

Le sang de Jésus-Christ nous protège contre les assauts de l'ennemi. Le sang de Jésus nous donne la victoire dans nos combats. Bien-aimés, souvenez-vous de ce qui s'était passé en Egypte lorsque Dieu voulait châtier l'ennemi de son peuple. Il a demandé aux Israélites de tuer chacun un agneau, et de se servir de son sang pour marquer les linteaux et les poteaux de chaque maison. Ainsi lorsque l'ange de la mort venait et voyait le sang sur le linteau et les poteaux de la maison, il passait outre et tous ceux qui étaient à l'abri de ce sang était sauvé de la mort. Nous lisons cette histoire :

« Vous prendrez ensuite un bouquet d'hysope, vous le tremperez dans le sang qui sera dans le bassin, et vous toucherez le linteau et les deux poteaux de la porte avec le sang qui sera dans le bassin. Nul de vous ne sortira de sa maison jusqu'au matin. Quand l'Eternel passera pour frapper l'Egypte, et verra le sang sur le linteau et sur les deux poteaux, l'Eternel passera par-dessus La porte, et il ne permettra pas au destructeur d'entrer dans vos maisons pour frapper ». Exode 12:22-23.

Il s'agit ici d'une histoire vraie qu'a vécue le peuple d'Israël dans l'ancien testament. Il est vrai que nous ne devons plus utiliser le sang de l'agneau (d'un animal) comme protection. Mais nous ne devons pas aussi oublier que Jésus-Christ est aujourd'hui notre agneau qui a été immolé pour le salut et la sécurité de nos âmes. Si le sang d'un agneau (animal) pouvait être puissant pour assurer la sécurité du peuple d'Israël, à plus forte raison le sang de Jésus-Christ ne nous protègerait-il pas de la mort précoce et des multiples assauts de l'ennemi? Le sang de Jésus-Christ nous guérit aussi de toute maladie et infirmité. Il est bon de savoir qu'il faut toujours sécuriser le lieu de prière par le sang de Jésus-Christ. Sécuriser également l'atmosphère spirituelle par le sang de Jésus-Christ versé sur la croix.

Chers amis, le sang de Jésus est une arme très redoutable devant l'ennemi. Aussi n'hésitez pas de l'utiliser !

4- Invoquez la présence Du Saint-Esprit

Ensuite, il faut invoquer la présence du Saint-Esprit, car Dieu dit :

« Car sans moi vous ne pouvez rien faire». Jean15:5

Il est encore écrit :

« Celui qui croit en moi, des fleuves d'eau vive couleront de son sein ...».Jean 7 : 38

Vous devez comprendre que sans le Saint-Esprit, vous êtes incapables de quoi que ce soit. Aussi il est important de Lui demander de vous remplir de Sa présence, de prendre le contrôle total de la prière, de vous révéler les sujets de prières, de vous donner d'élever les prières victorieuses, les prières qui touchent le cœur de Dieu. Vous devez Lui demander d'élever le niveau de votre foi à la hauteur du défi.

5- Le combat spirituel

Après cette étape, nous entrons maintenant dans le combat spirituel. Avant de commencer les prières de combat spirituel, vous devez demander à Dieu de vous revêtir des armes spirituelles selon qu'il est écrit :

« Revêtez-vous de toutes les armes de Dieu, afin de pouvoir tenir ferme contre les ruses du diable ». Ephésiens 6:11

« C'est pourquoi, prenez toutes les armes de Dieu, afin de pouvoir résister dans le mauvais jour, et tenir ferme après avoir tout surmonté. Tenez donc ferme: ayez à vos reins la vérité pour ceinture; revêtez la cuirasse de la justice; mettez pour chaussure à vos pieds le zèle que donne l'Évangile de paix; prenez par-dessus tout cela le bouclier de la foi, avec lequel vous pourrez éteindre tous les traits enflammés du malin prenez aussi le casque du salut, et l'épée de l'Esprit, qui est la parole de Dieu». Ephésiens 13-17.

Le combat spirituel consiste à exercer son autorité pour briser et frustrer tous les plans de l'ennemi, les plans des sorciers et des satanistes. Il consiste également à lier et à enchainer toutes les forces de mal tels que : Les démons, les principautés, les autorités, les dominations, les esprits méchants dans les lieux célestes qui se dressent sur notre chemin. Jésus dit :

«Voici, je vous ai donné le pouvoir de marcher sur les serpents et les scorpions, et sur toute la puissance de l'ennemi; et rien ne pourra vous nuire». Luc 10 : 19

Les prières de combat spirituel ne sont pas orientées contre l'Homme créé à l'image de Dieu, mais plutôt contre les esprits méchants qui les animent, car il est écrit : « ***Car, nous n'avons pas à lutter contre la chair et le sang, mais contre les dominations, contre les autorités, contre les princes de ce monde de ténèbres, contre les esprits méchants dans les lieux célestes ». Ephésiens 6: 12.***

Chers amis, nous devons utiliser le pouvoir que nous avons reçu en Jésus-Christ pour annuler tous les décrets, les sentences, les lois, les ordonnances, les incantations, les édits, les prescriptions, les prophéties, les malédictions que les sorciers, nos ennemis, nos oppresseurs, nos adversaires, de près ou de loin font contre notre vie, contre nos enfants, contre les membres de notre famille, contre nos affaires, contre nos études, contre notre promotion, contre notre mariage, contre notre foyer, contre notre santé, contre nos finances etc.

Nous devons aussi utilise ce pouvoir pour annuler toutes les paroles de malédictions, de condamnations, d'accusations que nos parents, nos amis, les faux frères et sœurs, les faux pasteurs proclament contre notre vie selon qu'il est écrit :

« Il n'y a donc maintenant aucune condamnation pour ceux qui sont en Jésus-Christ». Romains 8 : 1

Aux versets 33 et 34 il est écrit:

«Qui accusera les élus de Dieu ? C'est Dieu qui justifie ! Qui les condamnera ?... »

Oui ! Chers amis, nous devons utiliser ce pouvoir pour déprogrammer tout ce que l'ennemi a programmé contre notre vie, notre santé, contre notre progéniture, notre famille, notre nation, contre l'église du Seigneur, contre les serviteurs de Dieu dans notre église, dans notre nation et dans le monde. Nous devons lier et enchainer les esprits de sorcellerie, de la franc-maçonnerie, de la rose-croix, de la magie, du vampirisme, de la religion, d'ivrognerie, de mensonge, de doute, de mort précoce, de cimetière, de maladie, de blocage, de limitation, d'échec, de contrôle humain, de manipulation, d'impossibilité, de piétinement surplace, de fausseté, d'incrédulité, d'aveuglement, d'égarement, d'impudicité, d'idolâtrie, de vol, d'homosexualité, de sirène des eaux etc qui retiennent les âmes captives au nom de Jésus-Christ.

6- L'intercession

La prochaine étape, c'est l'intercession. Elle consiste à faire des prières de supplications pour soi-même, et à se placer à la brèche pour les autres selon qu'il est écrit :

« Je cherche parmi eux un homme qui élève un mur, qui se tienne à la brèche devant moi en faveur du pays, afin que je ne le détruise pas ; mais je n'en trouve point ». Ezéchiel 22 : 30 .

Elle consiste aussi à prier pour sa famille, pour ses enfants, pour sa nation, pour les serviteurs de Dieu dans son église, dans sa nation et dans le monde. Nous allons voir un exemple de l'importance de la prière.

«Pierre donc était gardé dans la prison; et l'Église ne cessait d'adresser pour lui des prières à Dieu». Actes 12:5

L'intercession de l'église en faveur de Pierre a joué un grand rôle dans sa libération. Nous ne savons pas ce qui se serait passé si le peuple de Dieu n'avait pas réagi dans la prière face à son arrestation. L'intercession consiste à prier pour l'avancement de l'œuvre de Dieu dans sa nation et dans le monde. Elle consiste à prier également pour les malades, les prisonniers, pour les veuves et les orphelins, pour les enfants de Dieu qui sont persécutés, maltraités, qui souffrent à cause de l'évangile partout dans le monde. L'intercession consiste à prier afin que l'évangile arrive partout dans le monde. Elle consiste également à prier pour ses ennemis selon qu'il est écrit :

« Mais moi, je vous dis: Aimez vos ennemis, bénissez ceux qui vous maudissent, faites du bien à ceux qui vous haïssent, et priez pour ceux qui vous maltraitent et qui vous persécutent». Matthieu 5 :44

Plus loin nous lisons ceci :

«Ne vous vengez point vous-mêmes, bien-aimés, mais laissez agir la colère; car il est écrit: A moi la vengeance, à moi la rétribution, dit le Seigneur». Romains 12 :19

Elle consiste aussi à prier afin que les âmes soient converties au Seigneur Jésus-Christ. Elle consiste à prier aussi pour les enfants de Dieu afin qu'ils demeurent dans la crainte du Seigneur et qu'ils mènent une vie de sanctification sans laquelle nul ne verra Dieu. Elle consiste également à prier afin que l'Eglise soit prête pour l'enlèvement. Oui! Afin que Jésus- Christ soit la priorité des priorités dans le cœur de chacun de Ses enfants. Tout ceci doit se passer selon la direction du Saint-Esprit. C'est pour cette raison qu'il faut rechercher Sa présence avant d'entrer dans l'intercession afin qu'il vous révèle les sujets qui conviennent. Mais surtout, toujours s'appuyer sur la parole de Dieu par rapport à chaque requête que l'on élève au Seigneur. Vous devez non seulement vous appuyez sur la parole de Dieu, mais croire que Dieu vous écoute et qu'il vous exauce selon qu'il est écrit :

« Et tout ce que vous demanderez en mon nom, je le ferai, afin que le Père soit glorifié dans le fils». Jean 14 : 13

Il est encore écrit: ***‹‹Tout ce que vous demanderez avec foi par la prière, vous le recevrez». Matthieu 21:22.***

Il y a plein d'autres versets sur la prière. Le Saint- Esprit vous conduira lui-même à les utiliser à chaque fois que vous en aurez besoin. Surtout, n'oubliez pas que, quoi que vous demandiez à Dieu, vous devez le faire au nom

De Jésus-Christ. Car, le nom de Jésus-Christ est l'unique clé qui ouvre toutes les portes du ciel. Au nom de Jésus-Christ, tout genou fléchit selon qu'il est écrit :

« Il s'est humilié lui-même, se rendant obéissant jusqu'à la mort, même jusqu'à la mort de croix. C'est pourquoi aussi Dieu l'a souverainement élevé, et lui a donné le nom qui est au-dessus de tout nom, afin qu'au nom de Jésus tout genou fléchisse dans les cieux, sur la terre et sous la terre, et que toute langue confesse que Jésus-Christ est Seigneur, à la gloire de Dieu le père» Philippiens 2 : 11.

Plus loin nous lisons :

«Et quoi que vous fassiez, en parole ou en œuvre, faites tout au nom du Seigneur Jésus, en rendant par lui des actions de grâces à Dieu le Père». Colossiens 3:17.

Aucune puissance, aucune autorité ou domination, aucune situation soit-elle, ne peut résister devant le nom de Jésus-Christ. Rien, mais alors rien ne résiste devant le nom de Jésus-Christ. C'est seulement en ce nom que nous sommes exaucés, que nous sommes sauvés, que nous avons accès auprès du Père, que nous avons la vie, que nous avons la victoire.

7- Remerciement

A la fin, Vous devez lier et enchainer les esprits de représailles qui pourraient se lever contre vous et votre famille à cause du combat spirituel que vous venez de mener, détruire toute contre-attaque de l'ennemi envers vous et votre famille et déclarer que toute arme forgée contre vous et votre famille est nulle et sans effet au nom de Jésus-Christ. Ensuite, clôturez vos moments de prières en disant merci à Dieu pour l'exaucement, car il dit :

«C'est pourquoi je vous dis: Tout ce que vous demanderez en priant, croyez que vous l'avez reçu, et vous le verrez s'accomplir ». Marc 11:24

« Bénissez l'Éternel, vous toutes ses armées, Qui êtes ses serviteurs, et qui faites sa volonté! Bénissez l'Éternel, vous toutes ses œuvres, Dans tous les lieux de sa domination! Mon âme, bénis l'Éternel»! Psaume 103 : 21-22

Vous devez apprendre à faire confiance à Dieu, Croire que Dieu est ce qu'Il dit être dans Sa parole, et fait ce qu'Il promet dans la Bible. Pour un bon résultat dans la prière, vous devez être capables de soutenir chacune de vos prières par un verset biblique. Car prier c'est rappeler à Dieu ce qu'Il a dit dans Sa parole. C'est la raison pour laquelle il est important de lire la parole de Dieu (La Bible). Prenez l'habitude de couvrir vos pensées, vos désirs, votre volonté, vos sentiments, vos émotions, votre cœur, votre corps, votre âme et votre esprit dans le sang de Jésus-Christ, car il est écrit :

«Garde ton cœur plus que toute autre chose, Car de lui viennent les sources de la vie». Proverbe 4:23

Le meilleur moyen de le faire, c'est de le couvrir de jour comme de nuit dans le sang de Jésus-Christ contre toute influence extérieur au nom de Jésus-Christ. Ne laissez rien régner dans votre cœur si ce n'est Jésus-

Christ. Pour plus d'enseignements sur la prière, je vous conseille de lire le livre intitulé : *(La prière victorieuse) du Pasteur Kenneth Hagin*.

CHAPITRE CINQ

VEILLEZ SUR VOTRE VIE

«Soyez, sobres, veillez. Votre adversaire, le diable, rôde comme un lion rugissant, cherchant qui il dévorera». *1 Pierre 5 : 8*

Il y a des veillées de prière, mais la veillée dont il est question ici c'est veiller sur sa vie, sa relation avec Dieu et son prochain. Veiller sur sa vie, est une autre méthode à votre portée pour conserver le terrain gagné.

Nous savons tous que les mauvaises compagnies corrompent les bonnes mœurs. Celui qui marche avec un voleur, finira un jour par voler. Un adage dit: «dis-moi avec qui tu marches et je te dirai qui tu es, ou qui tu seras». Aussi, il est important pour le jeune convertit de mettre un terme aux relations avec les anciens partenaires de péché, et se faire de nouveaux amis qui ont la crainte de Dieu, et qui pourront l'aider à persévérer dans la foi chrétienne.

Il est écrit :

« Heureux l'homme qui ne marche pas selon le conseil des méchants, Qui ne s'arrête pas sur la voie des pécheurs, Et qui ne s'assied pas en compagnie des moqueurs, Mais qui trouve son plaisir dans la loi de l'Éternel, Et qui la médite jour et nuit! Il est comme un arbre planté près d'un courant d'eau, Qui donne son fruit en sa saison, Et dont le feuillage ne se flétrit point: Tout ce qu'il fait lui réussit». Psaume 1 : 1-3.

L'Eglise est confrontée aujourd'hui à un phénomène de délivrance concernant les mêmes personnes et les mêmes cas qui n'en finissent jamais. Vous verrez des gens rendre témoignage de leur délivrance et le mois suivant, vous les verrez tomber à nouveau sous la manifestation du même démon. Tout simplement parce qu'après la délivrance, il ne veille pas, ne change pas de conduite, et se plonge à nouveau dans le même péché qui avait invité cet esprit dans leur vie. Après la délivrance, le chrétien doit éviter tout ce qui peut l'entrainer à nouveau dans le péché. Il doit mettre en pratique la parole de Dieu dans le Psaumes 1 : 1-3 citer plus haut.

Une personne par exemple qui a des problèmes avec le sexe opposé, devrait, se débarrasser des affiches et C D pornographiques, éviter les milieux obscènes, bref, tout ce qui peut à nouveau souiller son esprit. Ce dépouillement doit s'appliquer à tous les autres domaines de votre vie. Se séparer de ses compagnons de péché est très important, car il est écrit :

« Ne vous mettez pas avec les infidèles sous un joug étranger. Car quel rapport y a-t-il entre la justice et l'iniquité? Ou qu'y a-t-il de commun entre la lumière et les ténèbres? Quel accord y a-t-il entre Christ et Bélial? Ou quelle part a le fidèle avec l'infidèle? Quel rapport y a-t-il entre le temple de Dieu et les idoles?» 2Corinthiens 6:14-15.

La sanctification est la clé de la puissance spirituelle. A ce titre, ce qui peut nous emmener à perdre le terrain gagné, c'est le péché. De même que le péché est ce qui nous sépare de Dieu, il est également ce qui nous rapproche du diable et lui donne un terrain légal où agir dans notre vie. Remarquez qu'en Israël lorsque le peuple avait réussi à gagner un territoire dans la guerre, ce qui les amenait à le perdre à nouveau, était la transgression de la loi, (le péché). Il en est de même avec nous qui croyons en Jésus-Christ. Un chrétien qui ne mène pas une vie de sanctification, est vulnérable aux attaques de l'ennemi.

C'est pour cette raison que vous verrez certains chrétiens être attaqués par les forces maléfiques, ce qui conduit parfois jusqu'à la mort physique. Lorsqu'Israël marchait dans la crainte de l'Eternel et l'observation de ses commandements, il était fort. Mais une fois qu'il sortait de ce cadre, il devenait vulnérable et n'importe quelle nation pouvait les vaincre dans la guerre. Nous pouvons citer ici cet exemple où le peuple d'Israël est allé livrer la guerre contre Aïe, qu'il a même au départ sous-estimé au point de n'emmener dans la bataille que trois milles hommes. Mais ils ignoraient que l'un des leurs avait commis une infidélité aux yeux de l'Eternel ce qui les avait rendu vulnérables devant l'ennemi selon qu'il est écrit :

« ***Les enfants d'Israël commirent une infidélité au sujet des choses dévouées par interdit. Acan, fils de Carmi, fils de Zabdi, fils de Zérach, de la tribu de Juda, prit des choses dévouées. Et la colère de l'Éternel s'enflamma contre les enfants d'Israël. Josué envoya de Jéricho des hommes vers Aï, qui est près de Beth Aven, à l'orient de Béthel. Il leur dit: Montez, et explorez le pays. Et ces hommes montèrent, et explorèrent Aï. Ils revinrent auprès de Josué, et lui dirent: Il est inutile de faire marcher tout le peuple; deux ou trois mille hommes suffiront pour battre Aï; ne donne pas cette fatigue à tout le peuple, car ils sont en petit nombre. Trois mille hommes environ se mirent en marche, mais ils prirent la fuite devant les gens d'Aï. Les gens d'Aï leur tuèrent environ trente-six hommes; ils les poursuivirent depuis la porte jusqu'à Schebarim, et les battirent à la descente. Le peuple fut consterné et perdit courage ». Josué 7 : 1-5***

Ceci leur est arrivé à cause du péché. Dieu dit sans moi vous ne pouvez rien faire. Et quand le péché entre, Dieu se retire. Par contre, nous allons voir un autre exemple où avec trois cent personnes seulement, le peuple d'Israël a pu venir à bout d'une grande et puissante nation de milliers de personnes, pour la simple raison qu'il était en règle avec leur Dieu et que Celui-ci était au milieu d'eux et combattait pour eux. Il s'agit ici de l'histoire de Gédéon. Les saintes écritures le confirment :

« Les enfants d'Israël firent ce qui déplaît à l'Éternel; et l'Éternel les livra entre les mains de Madian, pendant sept ans ». Juges 6 :1

Une fois de plus, Israël est resté sous la captivité de Madian pendant sept ans. Mais lorsqu'il s'est repentit et a fait la paix avec Dieu, Il s'est servi de trois cent personnes seulement pour délivrer toute une nation qui était restée sept ans dans la servitude de l'ennemi.

« Et l'Éternel dit à Gédéon: C'est par les trois cents hommes qui ont lapé, que je vous sauverai et que je livrerai Madian entre tes mains. Que tout le reste du peuple s'en aille chacun chez soi». Juges 7 :7.

Je ne sais pas si vous voyez au travers de ces explications jusqu'où le péché ou la sanctification peuvent mener un homme ou un peuple. Plusieurs personnes sont sous la servitude à cause du péché. Sans la crainte de Dieu, sans une vie de sanctification, le chrétien est sans force et par conséquent, vulnérable devant les forces du mal. Une église puissante est celle qui connaît ses droits entant qu'enfant de Dieu, et mène une vie de sanctification. Nous devons voir le péché comme un ennemi à combattre et à abattre dans notre vie. C'est alors que nous aurions le courage de l'affronter victorieusement. Si nous faisons du péché notre ami, Dieu ne nous délivrera jamais. J'ai souvent dit que Dieu n'est pas venu pour nous délivrer de nos amis, mais plutôt de nos ennemis. Certaines personnes pensent que parce qu'elles ont confessé Christ, elles peuvent vivre n'importe comment et plaire à Dieu. Laissez-moi donc vous dire que de la même manière que le monde a ses principes, Dieu a les siens. Dans le royaume des ténèbres tout est permis. Mais en Jésus-Christ, nous sommes dans le royaume de gloire, de lumière, de justice et de sainteté où tout est différent. Dans ce royaume, pour être agréable à Dieu, nous devons nous conformer à ses prescriptions, car, on ne peut pas appartenir à un royaume et vivre la vie d'un autre royaume.

Nous remarquons que dans ce monde où nous vivons, même les nations ont leurs lois. Ainsi, lorsqu'une personne voyage dans une autre nation que la sienne, pour ne pas avoir des problèmes avec les autorités, elle doit se conformer aux lois de cette nation. De la même manière que le cancer est une maladie dangereuse pour le corps humain, il en est ainsi du péché qui est comme un cancer dans l'âme du chrétien. S'il n'est pas extirpé à temps, il nous ronge et pour finir, nous entraine à la mort spirituelle qui est la séparation éternelle avec Dieu. Voilà pourquoi les saintes écritures disent :

«...Le Seigneur connaît ceux qui lui appartiennent; et: Quiconque prononce le nom du Seigneur, qu'il s'éloigne de l'iniquité ». 2Timothée 2 :19

Tout simplement parce que c'est un royaume où le péché n'a pas sa raison d'être. Le péché c'est tout ce qui est contre la saine doctrine du Seigneur Jésus-Christ.

Nous voyons clairement sa définition dans *1 Jean 3 :4* ***« Quiconque pèche transgresse la loi, et le péché est la transgression de la loi».***

Les saintes écritures disent également ceci :

« Mais celui qui pèche contre moi nuit à son âme; Tous ceux qui me haïssent aiment la mort». Proverbes 8:36

C'est pour cette raison que la plupart de nos prières et jeûnes sont restés sans exaucement. Il ne suffit pas seulement de prier et jeûner. Si nous voulons avoir un bon résultat dans nos prières et jeûnes, nous devons le faire dans une vie de sanctification, et surtout nous rassurer que nos requêtes sont en conformités avec la parole de Dieu. Ce qui empêche Dieu de nous écouter et de nous venir en aide, c'est le péché selon qu'il est écrit :

« Non, la main de l'Éternel n'est pas trop courte pour sauver ni son oreille trop dure pour entendre. Mais ce sont vos crimes qui mettent une séparation Entre Vous et votre Dieu; Ce sont vos péchés qui vous cachent sa face Et l'empêchent de vous écouter. Car vos mains sont souillées de sang Et vos doigts de crimes; Vos lèvres profèrent le mensonge, Votre langue fait entendre l'iniquité. Nul ne se plaint avec justice, Nul ne plaide avec droiture; Ils s'appuient sur des choses vaines et disent des faussetés, Ils conçoivent le mal et enfantent le crime». Esaïe 59 :1-4 .

Plus loin encore, nous lisons :

« Si quelqu'un détourne l'oreille pour ne pas écouter la loi, sa prière même est une abomination». Proverbes 28 :9

Voilà l'une des causes qui nous emmène à tourner en rond dans l'église. Certaines personnes pensent que par leurs prières et jeûnes et tout en vivant cependant dans le péché connu ni confessé et ni abandonné, Ils peuvent corrompre Dieu. Les Israélites se sont eux aussi trompés dans cette manière de penser sans succès jusqu'à ce que Dieu dans sa miséricorde se révèle à eux :

«Tous les jours ils me cherchent, Ils veulent connaître mes voies; Comme une nation qui aurait pratiqué la justice Et n'aurait pas abandonné la loi de son Dieu, Ils me de mandent des arrêts de justice, Ils désirent l'approche de Dieu. Que nous sert de jeûner, si tu ne le vois pas? De mortifier notre âme, si tu n'y as point égard? Voici, le jour de votre jeûne, vous vous livrez à vos penchants, Et vous traitez durement tous vos mercenaires. Voici, vous jeûnez pour disputer et vous quereller, Pour frapper méchamment du poing; Vous ne jeûnez pas comme le veut ce jour, Pour que votre voix soit entendue en haut. Est-ce là le jeûne auquel je prends plaisir, Un jour où l'homme humilie son âme? Courber la tête comme un jonc, Et se coucher sur le sac et la cendre, Est-ce là ce que tu appelleras un jeûne, Un jour agréable à l'Éternel? Voici le jeûne auquel je prends plaisir: Détache les chaînes de la méchanceté, Dénoue les liens de la servitude, Renvoie libres les opprimés, Et que l'on rompe toute espèce de joug; Partage ton pain avec celui qui a faim, Et fais entrer dans ta maison les malheureux sans asile; Si tu vois un homme nu, couvre le, Et ne te détourne pas de ton semblable. Alors ta lumière poindra comme l'aurore, Et ta guérison germera promptement; Ta justice marchera devant toi, Et la gloire de l'Éternel t'accompagnera. Alors tu appelleras, et l'Éternel répondra; Tu crieras, et il dira:

Me voici! Si tu éloignes du milieu de toi le joug, Les gestes menaçants et les discours injurieux, Si tu donnes ta propre subsistance à celui qui a faim, Si tu

rassasies l'âme indigente, Ta lumière se lèvera sur l'obscurité, Et tes ténèbres seront comme le, Et tes ténèbres seront comme le midi. L'Éternel sera toujours ton guide, Il rassasiera ton âme dans les lieux arides, Et il redonnera de la vigueur à tes membres; Tu seras comme un jardin arrosé, Comme une source dont les eaux ne tarissent pas. Les tiens rebâtiront sur d'anciennes ruines, Tu relèveras des fondements antiques; On t'appellera réparateur des brèches, Celui qui restaure les chemins, qui rend le pays habitable. Si tu retiens ton pied pendant le sabbat, Pour ne pas faire ta volonté en mon saint jour, Si tu fais du sabbat tes délices, Pour sanctifier l'Éternel en le glorifiant, Et si tu l'honores en ne suivant point tes voies, En ne te livrant pas à tes penchants et à de vains discours, Alors tu mettras ton plaisir en l'Éternel, Et je te ferai monter sur les hauteurs du pays, Je te ferai jouir de l'héritage de Jacob, ton père; Car la bouche de l'Éternel a parlé». Esaïe 58 :2-14

Sachez que ce passage s'adresse aussi à nous aujourd'hui. De nos jours, nous remarquons que plusieurs chrétiens sont beaucoup enthousiastes que spirituels. C'est pour cette raison qu'ils passent le temps à arracher les bénédictions. Par exemple: ‹‹j'arrache ma voiture, ma maison, mon terrain, mon mari ou ma femme que l'ennemi a volé etc...›› à prophétiser sur leur vie, tout en vivant n'importe comment. Je ne dis pas que prophétiser et déclarer des paroles positives sur sa vie soit mauvaise, mais nous devons comprendre que ceci marche avec la sanctification.

Les prophéties et les décrets se matérialisent dans notre vie lorsque la bouche qui les déclare est empreinte d'esprit et de puissance. Au fait, c'est le Saint- Esprit en nous qui matérialise les prophéties qui sortent de notre bouche. Puisse le Dieu d'Israël nous donner de comprendre au-delà de ce qui est dit en ce moment, et que cet enseignement nous incite à vivre une vie de sanctification au nom de Jésus-Christ mon Seigneur.

CHAPITRE SIX

LA FOI ACTIVE

Les saintes écritures définissent la foi comme étant :

*‹‹ **Une ferme assurance des choses qu'on espère, une démonstration de celles qu'on ne voit pas››. Hébreux 11:1.***

Sans la foi, rien n'est possible dans la vie chrétienne. Celui qui s'approche de Dieu doit avoir la foi, il doit croire en l'œuvre salvatrice de la croix. D'ailleurs, il est écrit :

«Or sans la foi il est impossible de lui être agréable; car il faut que celui qui s'approche de Dieu croie que Dieu existe, et qu'il est le rémunérateur de ceux qui le cherchent. » Hébreux 11: 6.

Il arrive souvent qu'après la délivrance d'un péché, d'une maladie, ou d'un démon, nous continuions à souffrir. Cela ne veut pas dire que nous ne sommes pas délivrés ou guéris. Car dès l'instant où l'ordre a été donné avec autorité au démon ou à la maladie de disparaître au nom de Jésus-Christ par un serviteur oint, ils disparaissent à l'instant sur le plan spirituel. Mais sur le plan charnel, ça peut toujours ne pas être le cas. On peut continuer à ressentir les symptômes, ce qui est tout à fait normal. Nous savons que toutes choses commencent sur le plan spirituel avant de prendre effet sur le plan physique. Je vais prendre l'exemple sur un grand arbre qui a des racines profondes et un gros tronc. Voici un planteur qui arrive et le trouve gênant pour sa culture. Il décide donc de l'abattre et de le détruire à partir de ses racines.

Une fois l'arbre à terre, pour que le tronc, les branches et les feuilles sèchent, il faudra un certain espace de temps. Le feuillage reste vert même pendant deux semaines et plus. Mais cela ne veut pas dire que l'arbre est vivant. Quelque soit le temps que le tronc, les branches et les racines mettent pour sécher, l'arbre est mort depuis le jour où ses racines ont été détruites. Il en est de même avec la maladie, dès lors que la prière de foi a été faite, la guérison a été effective sur le plan spirituel, Dieu agit de manière souveraine. Il y a des maladies qui partent de manière instantanée, d'autres prennent du temps avant de prendre effet dans le corps physique. Dans ce cas, le malade doit exercer sa foi pour se saisir de la guérison. Aussi, quelque soit la douleur qu'on peut continuer à ressentir, il faut rester sur le terrain de la foi. Continuez de croire que cette maladie ou douleur est partie, ensuite, confesser sa guérison au nom de Jésus-Christ. Nous devons rejeter le doute et l'incrédulité quelque soit le temps ou la guérison prend effet dans notre corps physique et faire de la foi, la persévérance et la patience notre cheval de bataille au nom de Jésus-Christ. En ce qui concerne les démons, généralement, lorsqu'ils sont chassés d'un corps, ils s'en vont, mais ne pouvant trouver du repos dans les lieux arides, ils retournent toujours dans l'espoir de reprendre possession de leur ancienne maison. Dans le cas où le délivré a su maintenir sa délivrance, le diable se servira des démons de séduction pour l'oppresser. A ce moment, la personne ressentira un désir puissant de retourner à ses vomissures. Qu'à cela ne tienne, cette oppression ne veut pas dire que la personne n'est pas délivrée. Tant qu'elle résistera à la tentation, après un certain temps, ces démons s'en iront selon qu'il est écrit :

«Soumettez-vous donc à Dieu; résistez au diable, et il fuira loin de vous ». Jaques 4 :7

En d'autres termes, le seul moyen de résister au diable, est de se soumettre à Dieu et à Sa parole. Par contre, si vous cédez à la tentation, vous leur donnez à nouveau l'accès d'œuvrer dans votre vie. Nous devons savoir qu'à force de pratiquer un péché, il finit par devenir une partie de nous-même. Par conséquent, Il est impossible qu'il soit retranché sans que nous éprouvions une certaine douleur. Je vais prendre l'exemple du caféier pour nous amener à mieux comprendre. Vous savez, les plantes de caféier sont souvent attaquées par une certaine branche appelée gourment qui se greffe sur la plante. Elles sont très belles et ont tendance à pousser plus vite que les branches du caféier. Si le planteur ne les supprime pas, ils absorberont toute la sève qui est destinée à nourrir la plante et elle finira par mourir. Une fois que le planteur retranche cette mauvaise branche, la plante souffre pour un certain temps Parce qu'elle perd une partie de la sève. Mais cette souffrance n'est que momentanée. Car lorsque l'endroit où la mauvaise branche a été coupée se sèche, la plante en bonne santé, porte de très bons fruits. Il en est de même avec une personne qui décide de faire face à la délivrance. Lorsqu'une personne décide d'abandonner la pratique d'un péché auquel elle était fortement attachée, il est tout à fait normal qu'elle souffre dans la chair. La prière et même la foi n'éliminent pas la souffrance, tout simplement parce que lorsqu'on abandonne un péché, on perd en même temps l'intérêt matériel et financier qui était lié à ce péché, et dans certains cas, le plaisir.

Prenons l'exemple d'une personne qui ne vivait que du fruit de la prostitution ou du vol. Une fois que cette personne répond à l'appel de Dieu et décide d'abandonner ce péché, elle souffrira dans sa chair, de l'absence du plaisir que ce péché lui procurait. Elle souffrira également du manque, mais aussi de la tentation de retourner commettre à nouveau ce péché. N'ayant pas appris à gagner sa vie honnêtement et dans les voies de Dieu, n'ayant plus de facilité pour résoudre ses problèmes, elle souffrira dans sa chair. Pour que sa délivrance soit effective et permanente, il va falloir que cette personne apprenne à faire confiance à Dieu, qu'elle apprenne à faire un travail digne pour pourvoir à ses besoins, qu'elle résiste également à la tentation de retourner dans ce péché. Après la prière de foi, la tentation peut durer pendant un certain temps, mais si à chaque fois qu'elle frappe à la porte, la chair résiste, petit à petit, le corps s'habituera à cette nouvelle façon de vivre sans commettre ce péché et la délivrance s'installera définitivement. Vous devez savoir que la foi est le rail sur lequel circule tout ce que nous attendons de Dieu. C'est pour cette raison que Dieu dit :

« Or sans la foi il est impossible de lui être agréable; car il faut que celui qui s'approche de Dieu croie que Dieu existe, et qu'il est le rémunérateur de ceux qui le cherchent ». Hébreux 11 : 6 «

La foi est capitale dans la vie chrétienne. Dieu est Esprit c'est par les yeux de la foi que nous le voyons. Croire en Dieu, c'est croire en Sa parole. Voilà pourquoi, j'ai consacré un chapitre de ce livre à la lecture et à la mise en pratique de la parole de Dieu. C'est la connaissance des saintes écritures qui produit la foi en Dieu selon qu'il est écrit :

« Ainsi la foi vient de ce qu'on entend, et ce qu'on entend vient de la parole de Christ». Romains 10:17

Il est encore écrit :

«Au commencement était la Parole, et la Parole était avec Dieu, et la Parole était Dieu. Elle était au commencement avec Dieu. Toutes choses ont été faites

par elle, et rien de ce qui a été fait n'a été fait sans elle ». Jean 1:3

En d'autres termes, la parole de Dieu est le socle de la vie. Rien n'est possible sans elle. Si vous voulez avoir la foi, alors nourrissez-vous chaque jour de la parole de Dieu et acceptez la comme une recommandation de Dieu pour vous, car c'est elle qui produit la foi. Ayez foi en la parole de Dieu par rapport à tous les domaines de votre vie et vous verrez, rien ne vous sera impossible. Le plus grand problème des enfants de Dieu aujourd'hui, c'est que la plupart ne croient pas en la parole de Dieu. La plupart de chrétiens sont animés de l'esprit de doute, du raisonnement et de l'incrédulité. C'est un ennemi coriace que chacun doit combattre et abattre dans sa vie. Il faut que vous enleviez vos yeux sur vous-mêmes, sur cette situation qui vous semble inaccessible, et que vous les posiez sur celui en qui toutes choses sont possibles à savoir : ***Jésus-Christ***.

Cette histoire dans le livre de ***Matthieu 14:26-31*** m'a toujours enseigné nous lisons:

«Quand les disciples le virent marcher sur la mer, ils furent troublés, et dirent: C'est un fantôme! Et, dans leur frayeur, ils poussèrent des cris. Jésus leur dit aussitôt: Rassurez-vous, c'est moi; n'ayez pas peur! Pierre lui répondit: Seigneur, si c'est toi, ordonne que j'aille vers toi sur les eaux. Et il dit: Viens! Pierre sortit de la barque, et marcha sur les eaux, pour aller vers

Jésus. Mais, voyant que le vent était fort, il eut peur; et, comme il commençait à enfoncer, il s'écria: Seigneur, Sauve-moi! Aussitôt Jésus étendit la main, le saisit, et lui dit: Homme de peu de foi, pourquoi as-tu douté»?

Remarquez qu'au départ, Pierre pensait que c'était un fantôme. Mais lorsque Jésus lui a dit « ***Viens*** »!Il s'est saisit de cette parole et a commencé à marcher vers Lui sur les eaux. Les eaux ici représentent les difficultés, les persécutions, les tribulations, la pauvreté, la maladie, la famine, le chômage, et autres situations adverses de la vie qui échappent à notre contrôle. Tant que Pierre avait les regards fixés sur Jésus, il pouvait marcher sur l'eau et avoir le contrôle de la situation. Mais une fois qu'il l'a ôté les regards sur Christ, le doute, la peur, l'incrédulité, le raisonnement s'est installé en lui. Quand il a commencé à se demander si c'était vraiment lui qui marchait sur les eaux, il a commencé à s'enfoncer.

Dans cette histoire, Dieu veut nous faire comprendre que Chaque fois que nous aurions les regards fixés sur Jésus-Christ, que nous prendrions appui sur Sa parole, et que nous y croyons fermement, nous aurions le contrôle de la situation quelle qu'elle soit. Par contre, si nous ôtons les regards sur Christ, pour les placer sur nous-mêmes sur la situation à laquelle nous faisons face, nous serons sous l'influence du doute, de l'incrédulité, du raisonnement, de la peur et nous commencerons à voir combien ce problème est grand, combien il est impossible de le résoudre. Retenez que la façon dont nous voyons notre adversaire détermine l'issu de la bataille. Face à, Dieu comment voyez-vous votre problème ? Cette situation qui vous arrache le sommeil, comment la voyez-vous face à l'Eternel ? Si vous voyez que le Dieu que vous servez est plus puissant et plus grand que ce problème, alors vous remporterez la victoire. Mais par contre, si vous voyez et croyez que ce problème est trop grand, la défaite est assurée. Quelques soient les prières que vous pourrez faire dans cet état d'esprit, vous en sortirez vaincu. Nous voyons l'exemple avec le peuple d'Israël. Après avoir exploré Canaan, les dix espions envoyés en mission par Moïse ont ramené un mauvais rapport qui a eu pour conséquence le refus du peuple d'aller combattre leurs ennemis selon qu'il est écrit :

«Et ils décrièrent devant les enfants d'Israël le pays qu'ils avaient exploré. Ils dirent: Le pays que nous avons parcouru, pour l'explorer, est un pays qui dévore ses habitants; tous ceux que nous y avons vus sont des hommes d'une haute taille; et nous y avons vu les géants, enfants d'Anak, de la race des géants: nous étions à nos yeux et aux leurs comme des sauterelles». Nombres 13:32-33.

Face aux fils d'Anak, les enfants d'Israël se sont sous-estimés au point de confesser qu'ils étaient à leurs yeux comme des sauterelles. Ils ont vu leurs ennemis plus grands que leur Dieu qui les avait délivrés de l'esclavage d'Egypte au point de refuser d'aller livré bataille contre eux.

«Toute l'assemblée éleva la voix et poussa des cris, et le peuple pleura pendant la nuit. Tous les enfants d'Israël murmurèrent contre Moïse et Aaron, et toute l'assemblée leur dit: Que ne sommes-nous morts dans le pays d'Égypte, ou que ne sommes-nous morts dans ce désert! Pourquoi l'Éternel nous fait-il aller dans ce pays, où nous tomberons par l'épée, où nos femmes et nos petits-enfants deviendront une proie? Ne vaut-il pas mieux pour nous retourner en Égypte»? Nombres 14:1-3.

A cause de l'incrédulité, les enfants d'Israël ont tiré leur propre conclusion.

Chers amis, n'est-ce pas de la même manière que nous nous comportons ? Face à certaines situations, il nous arrive de tirer notre propre conclusion alors que Dieu n'a pas encore dit Son dernier mot. Nous devons savoir que l'issue de chaque bataille dépend de la manière que l'on considère son adversaire. Face à l'adversité, nous devons apprendre à voir Dieu plus grand que la montagne qui est devant nous, à croire qu'Il est capable de solutionner le problème quel qu'il soit et ainsi, nous Le verrons manifester Sa gloire dans notre vie au nom de Jésus.

CHAPITRE SEPT

DEMEURER DANS LA COMMUNION FRATERNELLE

«Ils persévéraient dans l'enseignement des apôtres, dans la communion fraternelle, dans la fraction du pain, et dans les prières. Le verset 46 nous dit qu'Ils étaient chaque jour tous ensemble assidus au temple, ils rompaient le pain dans les maisons, et prenaient leur nourriture avec joie et simplicité de cœur» .Actes 2:42.

La communion fraternelle, est cette autre méthode à votre disposition pour conserver le terrain gagné. La Bible nous montre comment les premiers chrétiens étaient assidus au temple. C'est un modèle à suivre pour quiconque veut aller loin avec Dieu. La communion fraternelle aide à grandir dans la foi, et à nous éloigner de la vaine manière de vivre. J'ai l'impression que plusieurs chrétiens n'ont pas encore compris ce que veut dire être assidus. Ils ont oublié la notion de la fidélité et de la persévérance. C'est pour cette raison que la plupart de chrétiens vont d'église en église à la recherche des miracles et des bénédictions. J'aimerais vous faire comprendre qu'il y a une saison de bénédiction pour chaque enfant de Dieu. Dieu fait chaque chose bonne en son temps.

Au lieu d'aller d'église en église, je vous conseille de prendre le temps et de prier afin que Dieu vous conduise dans l'église qu'il vous faut. Certains chrétiens passent leur temps à changer d'église parce qu'ils ne sont pas sur la bonne connexion. Et d'autres parce qu'ils ne comprennent pas la volonté de Dieu. Dieu connaît l'église et le Pasteur qu'il vous faut pour votre épanouissement spirituel, matériel et financier. Ce n'est pas une question d'émotion ou de sentiment. Laissez Dieu vous conduire! Et une fois que vous serez convaincu, engagez-vous totalement et restez fidèle et soumis quoiqu'il arrive. Persévérez dans Ce lieu. Ne changez d'église que si vous avez en tendu Dieu clairement.

Je veux que vous sachiez qu'il arrive souvent à chaque église de connaître les périodes de difficultés, et c'est à ce moment-là que plusieurs succombent et changent de milieu. Les difficultés ne doivent pas être des motifs suffisants pour quitter une église. Dans toutes les communautés on rencontre des difficultés. Raison pour laquelle le chrétien doit d'abord écouter Dieu avant de prendre la décision de partir d'une église. Si vous vous rendez compte que vous êtes celui-là qui remarque les erreurs dans l'église, c'est parce qu'en vous se trouve la solution à ce problème. Par conséquent, vous êtes la personne indiquée pour apporter un changement dans ce domaine. C'est pourquoi au lieu de fuir, il serait mieux de vous rapprocher du Seigneur pour recevoir de Lui la stratégie à adopter pour corriger le problème si cela est possible. Dans la plupart des communautés de nos jours, les enseignements ne sont pas fondés sur les saintes écritures. Par conséquent, la plupart de fidèles de ces églises commençant par le berger ne prennent pas au sérieux la vie de sanctification. Si je le sais, c'est parce que je suis passée par l'une d'elle. Ce fut une période tellement difficile pour moi. Dans cette église, j'avais expérimenté ce qu'avait vécu Lot à Sodome et Gomorrhe selon qu'il est écrit :

«Car ce juste, qui habitait au milieu d'eux, tourmentait journellement son âme juste à cause de ce qu'il voyait et entendait de leurs œuvres criminelles». 2Pierre 2:8.

Et chaque fois que j'essayais d'attirer l'attention des uns et des autres sur ce qui se passait, je me suis rendu compte que ceux que j'abordais trouvaient tout normal, ce n'était pas un problème pour eux de mener cette vie de désordre puisque le pasteur Lui-même était le premier à la vivre. Le peuple était aveuglé et les consciences endurcies. Quand je me suis tournée vers le Seigneur

Pour comprendre ce qu'il y avait lieu de faire. Dieu m'a répondu qu'on ne change pas la fondation d'une maison. Vous savez que c'est la fondation d'une maison qui soutient la structure. Si on touche à la fondation, toute la maison s'écroulera. Cette église était bâtie sur une mauvaise fondation (doctrine). Par conséquent, le seul moyen de changer quoi que ce soit, était de tout détruire et de recommencer sur de bonne base, et cette responsabilité n'incombait qu'au leader. A mon niveau, je ne pouvais rien faire pour changer la situation. Si vous vous rendez compte que votre Pasteur est un prédateur habillé en peau de brebis, dans ce cas-là, la Bible nous demande de nous séparer selon qu'il est écrit :

« Ne vous mettez pas avec les Infidèles sous un joug étranger. Car quel rapport y a-t-il entre la justice et l'iniquité ? Ou qu'y a-t-il de commun entre la lumière et les ténèbres?» Au verset 17 il est encore écrit: C'est pourquoi, Sortez du milieu d'eux et séparez- vous, dit le Seigneur ; Ne touchez pas à ce qui est impur, et je vous accueillerai ». 2Corinthiens 6 :14.

De la même manière qu'au temps du Roi Achab il y avait plus de faux prophètes que de vrais, il en est de même aujourd'hui. Plusieurs sorciers, Francs-maçons, rosicruciens, magiciens et tous ceux qui puisent leurs puissances dans le vaudou etc, se sont déguisés en Serviteurs de Dieu pour séduire et détruire les enfants de Dieu. Ils sont tellement subtils. Ils se servent aussi de la Bible pour parvenir à leur fin. C'est pour cette raison qu'il faut avoir le discernement et une connaissance approfondie de la parole de Dieu pour les détecter. Moi qui vous parle en ce moment, j'ai fait beaucoup d'églises.

Je rends grâce à Dieu parce qu'il l'a permis pour m'ouvrir les yeux sur beaucoup de choses et aussi pour me former, me préparer à cette œuvre merveilleuse. Durant ces années, j'ai appris beaucoup de leçons. L'une des choses qui m'ont marqué, c'est qu'après, avoir quitté certains milieux, la condition de vie de ceux qui étaient restés fidèles, avait changé, leurs vies étaient transformées. Alors j'ai compris que notre bénédiction dépend aussi de notre fidélité et de notre constance à demeurer dans une assemblée qui invoque le nom du Seigneur en esprit et en vérité. Nous devons retenir que Dieu ne nous bénit quel à où Il nous a placé. Et lorsque l'ange arrive avec notre bénédiction, il faut qu'Il nous retrouve au même endroit. Plusieurs ratent l'heure de la visitation de Dieu à cause de multiples déplacements. Chers amis, êtes-vous à l'endroit où Dieu vous a placé? Auprès de quel Pasteur Dieu vous a placé? Si vous y êtes, gloire à Dieu! Demeurez-y! Si non, priez et restez à Son écoute jusqu'à ce qu'Il vous indique l'église et le pasteur qu'il vous faut. Si vous remarquez que dans le milieu que vous fréquentez, la parole de Dieu n'est pas pratiquée, alors pour votre épanouissement spirituel, je vous conseille de vous éloigner d'un tel milieu. Il faut aussi noter, que la présence du Saint-Esprit est beaucoup plus effective en groupe que dans l'isolement. La Bible déclare :

« Voici, oh! Qu'il est agréable, qu'il est doux Pour des frères de demeurer ensemble! C'est comme l'huile précieuse qui, répandue sur la tête, Descend sur la barbe, sur la barbe d'Aaron, Qui descend sur le bord de ses vêtements. C'est Comme la rosée de l'Hermon, Qui descend sur les montagnes de Sion; Car c'est là que l'Éternel envoie la bénédiction, La vie, pour l'éternité ». Psaume 133 : 1- 3.

Retenez que c'est en étant avec les frères et sœurs, que vous serez encouragé à persévérer dans votre nouvelle vie. Nous devons comprendre que l'église est le lieu de la bénédiction, de la transformation, de la délivrance, de la guérison et autre. Malgré l'évangile qui est prêchée de part et d'autre, c'est malheureux aujourd'hui qu'on soit encore entrain d'encourager les gens à aller à l'église. Ceci revient encore à dire que Plusieurs sont ignorants. Si les gens savaient que ce qu'ils cherchent de part et d'autre, se trouve dans la présence du Seigneur, ils n'attendraient pas recevoir des encouragements pour aller à l'église. Le plus triste, c'est de savoir que même ceux qui ont accepté le Seigneur Jésus-Christ dans leurs cœurs tombent dans ce genre de piège sous prétexte qu'ils lisent leurs Bibles à la maison, où qu'ils n'ont besoin de personne. Si vraiment vous n'avez besoin de personne, sachez qu'il y a des gens qui ont besoin de vous. Mettez ce que vous avez au service des autres. Car c'est pour cette raison que Dieu vous a donné ce que vous possédez comme talents et dons. Certains se mettent de côté sous prétexte qu'ils ont été frustrés par leur Pasteur ou par un chrétien dans l'assemblé.

Bien-aimés, nous sommes appelés à nous supporter et à nous aimer. La Bible ne dit-elle pas dans 1 Corinthiens 13 : 7 que l'amour supporte tout ? Dieu nous exhorte aussi :

« Supportez- vous les uns les autres, et, si l'un a sujet de se plaindre de l'autre, pardonnez-vous réciproquement. De même que Christ vous a pardonné, pardonnez-vous aussi». Colossiens 3 : 13

Cessez de regarder les faiblesses des autres, de critiquer, de condamner, de juger car il est écrit :

«Ne jugez point, afin que vous ne soyez point jugés. Car on vous jugera du jugement dont vous jugez, et l'on vous mesurera avec la mesure dont vous mesurez. Pourquoi vois-tu la paille qui est dans l'œil de ton frère, et n'aperçois-tu pas la poutre qui est dans le tien ? Hypocrite, ôte premièrement la poutre de ton œil, et alors tu verras comment ôter la paille de l'œil de ton frère. Matthieu 7:1-3

Il est encore écrit :

«O homme, qui que tu sois, toi qui juges, tu es donc inexcusable ; car, en jugeant les autres, tu te condamnes toi-même, puisque toi qui juges, tu fais les mêmes choses ».Romains 2:1.

Regardez à vous- mêmes, et ainsi vous vous rendrez compte que vous n'êtes pas meilleur que les autres. De plus, Dieu nous pose la question :

« Qui es-tu, toi qui juges un serviteur d'autrui ? S'il se tient debout, ou s'il tombe, cela regarde son maître. Mais il se tiendra debout, car le Seigneur a le pouvoir de l'affermir». Romains 14 : 4

Vous pouvez ne pas commettre les mêmes péchés que les autres, cependant, vous êtes coupable devant Dieu dans un autre domaine. Nous devons savoir que chacun est à l'origine de son propre problème. Car, Dieu nous a donné Sa parole et son Esprit. Si quelque chose ne va pas bien dans un domaine quelconque de notre vie, soit nous n'avons pas fait ce à quoi Dieu nous attendait, ou alors, nous n'avons pas encore compris ce qu'il faut faire. Au lieu d'accuser, devoir les autres comme étant à l'origine de notre problème, nous devons plutôt nous poser les questions suivantes: Ai-je mis en pratique la parole de Dieu qui correspond à la situation? Ai-je obéi à l'Esprit de Dieu par rapport à cette situation? Qu'est-ce que Dieu veut et attend de moi ?

Le fait d'être toujours entrain d'accuser, de condamner, de pointer du doigt les autres, est un signe d'aveuglement spirituel. Car, si nous regardons à Dieu et à nous-mêmes, nous n'aurions même pas le temps devoir les péchés et les faiblesses des autres. Mais, nous serions préoccupés à chercher la face du Seigneur, à prier afin qu'Il transforme notre propre vie. Et quand il arrivera même que Dieu nous révèle des choses aux sujets des autres, ce sera afin que nous puissions prier pour ces personnes, et non un sujet de calomnie. Apprenons à pardonner, cultivons l'amour, la tolérance, la patience. Renonçons à notre moi et laissons Christ vivre en nous. Il faut que vous sachiez que vous ne Pouvez pas persévérer seul. Personne n'est fort seul.

Nous avons toujours besoin de quelqu'un avec qui cheminer, de quelqu'un avec qui partager nos craintes et nos joies, de quelqu'un qui puisse nous tenir la main en temps de crise.

D'ailleurs il est écrit :

« Deux valent mieux qu'un, parce qu'ils retirent un bon salaire de leur travail. Car, s'ils tombent, l'un relève son compagnon; mais malheur à celui qui est seul et qui tombe, sans avoir un second pour le relever! »: Ecclésiastes 4:9-10.

Au verset 12 il est écrit :

Et si quelqu'un est plus fort qu'un seul, les deux peuvent lui résister; et la corde à trois fils ne se rompt pas facilement ».

Dieu dit encore dans Sa parole qu'un poursuivra mille, et deux poursuivront dix mille. C'est dans la présence du Seigneur que nous sommes fortifiés, encouragés, consolés, transformés, délivrés, guéris et bénis. C'est la présence de Dieu qui change notre vie et nous donne d'aller de gloire en gloire. C'est la présence de Dieu qui procure la joie, la paix, la vie, le repos, la satisfaction, le bonheur. C'est dans cette présence que nous nous sentons aimés et que nous apprenons à aimer. Nous devons retenir qu'il n'y a aucun autre endroit au monde qui puisse nous rendre heureux comme la présence de Dieu. Vous qui me lisez en ce moment, si vous n'avez pas encore donné votre vie à Jésus-Christ, si vous voulez voir votre histoire changée, votre vie transformée, vos péchés pardonnés, voici le moment favorable! Vous n'avez ni paix, ni joie dans votre cœur malgré vos relations et tout ce que vous possédez. Votre vie n'a aucun sens! Vous vivez sous le joug de la peur et de l'incertitude, vous croupissez sous le poids de la maladie, de la misère et du péché depuis plusieurs années.

Vous avez déjà visité tous genres de marabouts sans succès, incompris des hommes et rejeté, personne ne vous aime. Vous ne dormez pas la nuit, parce que oppressé par les puissances des ténèbres sur votre couche, voici le moment de mettre fin au règne du diable dans votre vie. Venez à celui qui seul peut vous délivrer de toute forme de captivité. Sa parole déclare dans Esaïe 61:1, qu'il est venu libérer les captifs. Venez à Jésus-Christ! Car c'est pour vous qu'il a versé son sang sur la croix. Venez à celui qui seul peut donner un sens à votre vie. Il dit dans Sa parole qu'il ne met pas dehors celui qui vient à lui. Il dit aussi qu'il ne tient pas compte des temps d'ignorance selon qu'il est écrit :

«Dieu, sans tenir compte des temps d'ignorance, annonce maintenant à tous les hommes, en tous lieux, qu'ils aient à se repentir». Actes 17:30

Saisissez la perche qu'Il vous tend. Repentez-vous de tous vos péchés. Confessez-les à Dieu, Demandez-lui pardon, et prenez l'engagement de commencer une nouvelle vie en Christ. Invitez-Le à venir dans votre cœur et recevez-Le par la foi. Venez à Jésus, non pas parce que vous poursuivez les bénédictions, mais parce qu'Il est Dieu. Donnez-Lui votre cœur, et laissez Le régner en vous. C'est alors qu'Il vous révèlera la provision qu'Il a réservée pour vous. Et par-dessus tout, la vie Eternelle. Il dit dans Sa parole :

« Car je connais les projets que j'ai formés sur vous, dit l'Eternel, projet de paix et non de malheur, afin de vous donner un avenir et de l'espérance ».Jérémie 29 : 11

Voici un exemple de prière : *Seigneur Jésus-Christ, je reconnais que je suis un pécheur. J'ai péché contre toi dans mes pensées, par mes paroles, par mes actions, par mes réactions. Je te supplie de pardonner tous mes péchés et de me laver par ton sang précieux.* ***Viens*** *dans mon cœur Seigneur Jésus-Christ, et fais de moi ton enfant. Sois mon maître et mon Seigneur.*

Transforme ma vie et écris mon nom dans ton livre de vie. Donne-moi ton Saint-Esprit afin qu'il me conduise sur le chemin de l'Eternité! Je m'engage à te suivre, quelque soit le prix à payer jusqu'à ce que tu reviennes. Merci Seigneur, d'avoir pardonné tous mes péchés et Écris mon nom dans ton livre de vie. Merci d'être mort sur la croix pour moi. Que toute la gloire te revienne au nom de Jésus-Christ. Amen !

Bien-aimés, après avoir fait cette prière de repentance, il serait souhaitable que vous entrez dans votre chambre, et que vous écrivez sur une feuille de papier, tous les péchés qui vous viennent à l'esprit depuis que vous êtes né, et surtout, que vous demandez au Saint-Esprit de vous rappeler ceux que vous avez oubliés, afin que vous puissiez les confesser et y renoncer un à un devant Dieu. Surtout, prenez l'engagement devant Dieu de ne plus recommencer. Car lorsque Dieu a pardonné à la femme adultère, Il lui a dit :

« Femme, où sont ceux qui t'accusaient? Personne ne t'a-t-il condamnée? Elle répondit: Non, Seigneur. Et Jésus lui dit: Je ne te condamne pas non plus: va, et ne pèche plus ». Jean 8 :10-11

A la fin de la prière, brûlez cette feuille et croyez que Dieu vous a pardonné, et à votre tour, pardonnez-vous vous-même. Cessez de vous culpabiliser. N'oubliez pas de faire les restitutions là où cela s'avère nécessaire. Remerciez le Seigneur pour Sa miséricorde, Sa victoire sur la croix et Sa patience en vers vous.

A Dieu soit toute la gloire en Jésus-Christ notre Seigneur !

Amen.

TABLE DES MATIÈRES

Préface..2

Dédicace..3

Remerciements...4

Introduction..6

Chapitre 1
Rechercher la présence du Saint-Esprit..........................9

Chapitre 2
La lecture et la mise en pratique de la parole de Dieu....30

Chapitre 3
Rendre témoignage des merveilles du Seigneur...........46

Chapitre 4
Prier : Comment commencer, continuer et finir...........55

Chapitre 5
Veiller sur votre vie...80

Chapitre 6
La foi active..91

Chapitre 7
Demeurer dans la communion fraternelle....................100

DU MEME AUTEUR

- ***L'APPEL DE DIEU DANS NOS VIES***

- ***SEPT ETAPES POUR CONSERVER LE TERRAIN GAGNE***

- ***LES SENTIERS D'UNE VIE CHRETIENNE VICTORIEUSE***

«Soyez, sobres, veillez. Votre adversaire, le diable, rôde comme un lion rugissant, cherchant qui il dévorera». 1 Pierre 5 : 8

Printed by Books on Demand GmbH, Norderstedt / Germany